Joseph Ratzinger
Benedikt XVI.

Zur Lage des Glaubens

HERDER spektrum

Band 5861

Das Buch

Als dieses Buch erstmals erschien, so erinnert sich Benedikt XVI. im Vorwort zur Neuausgabe, „war es für viele ein Schock, für sehr viele aber auch eine Ermutigung und ein Zeichen der Hoffnung". Das Buch hat von seiner Kraft nichts verloren. Immer wieder wird die Frage gestellt: Gibt es eine Kluft zwischen den Überzeugungen des Präfekten der Glaubenskongregation Kardinal Ratzinger und den Ansichten des Papstes Benedikt XVI.? Benedikt XVI. hat das immer zurückgewiesen. Dieser Gesprächsband mit dem bekannten Journalisten zeigt, was der Papst in zentralen Fragen – Ökumene, Ursachen der Glaubenskrise, Zweites Vaticanum, Liturgie – denkt. Er benennt „Einbahnstraßen", aber auch Wege in die Zukunft. Zwar haben sich seit dem ersten Erscheinen dieses Buches neue Fragen in den Vordergrund geschoben, so schreibt Benedikt XVI. in seinem Vorwort: „Dennoch ist mir beim Lesen bewusst geworden, dass die Probleme von damals uns durchaus auch heute noch beschäftigen. Ich habe mich in den Antworten von damals wiedererkannt, die ich heute kaum anders geben würde." Ein Buch, das praktische und geistliche Impulse gibt – Dokument einer theologischen und spirituellen Leidenschaft, das Mut zum Glauben macht.

Die Autoren

Joseph Ratzinger, geb. 1927 in Marktl/Inn, 1977 Erzbischof von München und Freising, 1982 Präfekt der Glaubenskongregation; 2005 als Benedikt XVI. Nachfolger von Papst Johannes Paul II. Bei Herder u. a.: Jesus von Nazareth

Vittorio Messori, international renommierter Journalist, Verfasser vielgelesener Bücher in italienischer Sprache. Er führte in Brixen ein mehrtägiges Gespräch mit dem damaligen Präfekten der Glaubenskongregation.

Joseph Ratzinger
Benedikt XVI.

Zur Lage des Glaubens

Ein Gespräch mit Vittorio Messori

Aus dem Italienischen
von Gisela Zöhrer

HERDER
FREIBURG · BASEL · WIEN

Lizenzausgabe mit freundlicher Genehmigung
des Verlags Neue Stadt 1985/2006
Titel der italienischen Originalausgabe:
Rapporto sulla fede,
www.herder.de

Herstellung: fgb · freiburger graphische betriebe 2007
www.fgb.de
Satz: Neue-Stadt-Graphik
Umschlaggestaltung und Konzeption:
R·M·E München / Roland Eschlbeck, Liana Tuchel
Umschlagfoto: Bilderberg/Archiv der Fotografen
ISBN 978-3-451-05861-5

Inhalt

Vorwort zur Neuauflage meines Gesprächs mit Vittorio Messori

„Zur Lage des Glaubens“

Als dieses Buch 1985 erstmals erschien, war es für viele ein Schock, für sehr viele aber auch eine Ermutigung und ein Zeichen der Hoffnung. Damals war die kulturelle Revolution noch voll im Gange, die seit 1968 die westliche Welt bis in ihre Grundlagen hinein erschütterte. Die junge Generation suchte nach einer neuen Gesellschaft, in der es den Wettlauf der Rüstung nicht mehr geben und in der der Unterschied zwischen Arm und Reich verschwinden sollte – ein moralisches Ziel, das junge Menschen wahrhaft faszinieren konnte. Aber dieser Moralismus verband sich mit einem Hass gegen das Bestehende, der die Bereitschaft zu Terrorismus und Mord einschloss. Gut war, was dem moralischen Ziel diente. Obwohl es letztlich um die Versöhnung in der Welt gehen sollte, war man parteiisch der marxistischen Ideologie und den von ihr her wirkenden Mächten verpflichtet, weil dies der Weg der Wissenschaften und so auch der Weg des Guten zu sein schien. Da die Kirche nicht neben der Welt lebt, sondern aus Menschen dieser Welt besteht, war sie mitten in diese Krise hineingerissen. Auch in ihr schienen die Grundlagen selbst in Frage zu stehen. Auch in ihr schien eine Generalrevision notwendig. Das II. Vatikanische Konzil hatte ja der Erneuerung der Kirche dienen wollen; es war von dem Stichwort „Aggiornamento“ ausgegangen – also von der Absicht, die Kirche „heutig“ zu machen – sie aus ihrer scheinbaren Gestrigkeit in die Gleichzeitigkeit mit der Gegenwart hineinzuführen und sie so auf die Zukunft hin zu öffnen. Die Texte des Konzils hatten dazu klare Weisungen gegeben. Aber im Kontext der Kulturkrise, in der man stand, schien das Hören auf diese Texte nicht genügend zu sein. Es erschien als ganz natürlich, radikalere Wege zu suchen und das Christentum von Grund auf neu zu denken und zu formen. So wurde das Konzil zum Etikett für vieles, womit es gar nichts zu tun hatte und umgekehrt: Diejenigen, die die Kirche in ihrer wesentlichen Identität liebten, konnten leicht den Verdacht schöpfen, das Konzil habe in der Tat ein zerstörerisches Programm entwickelt. Feindschaft gegen das Konzil bildete sich; die Polarisierung in der Kirche wuchs.

Die Verteidiger des Konzils fühlten sich in dieser Lage vielfach dazu gedrängt, die negativen Erscheinungen zu leugnen oder wenigstens zu bagatellisieren und immer nur darauf hinzuweisen, dass doch Positives im Wachsen sei. Es sah für viele so aus, als ob es eine Art Pflicht-Optimismus gebe, dessen Mangel an Realismus ernsthafte Menschen schockierte und eher ins antikonziliare Lager trieb. In dieser Lage den rechten Gesprächston zu finden, war schwierig. Ich habe mich bei meinem Dialog mit Vittorio Messori mit meinen damals eher fragmentarischen Kenntnissen der italienischen Sprache darum gemüht, redlich zu sagen, wie ich den Zustand der Kirche sehe. Ich wollte mich nicht durch einen Pflicht-Optimismus binden lassen, der an der Wirklichkeit vorbeiredete. Aber dabei durfte es auch keine Zweifel geben, dass die Aussagen des Konzils selbst den rechten Weg zeigten: Erneuerung in der Kontinuität des Glaubens und nicht im Bruch mit ihm. Wer die Wurzeln abschneidet, erneuert das Leben des Baumes nicht. Bei einer solchen Position musste freilich auch gefragt werden, warum das Positive, das wächst, so still ist und so wenig erscheint; warum anstatt des erwarteten Pfingststurms eher zerstörerische Ungewitter über große Teile der Kirche niedergegangen waren, besonders was das Ordensleben, aber auch den Priesterstand angeht. Natürlich konnte ein Gespräch, das nur wenige Tage dauerte, keine das Ganze durchleuchtenden Analysen bringen. Aber einige Durchblicke durchs Ganze – so scheint es mir – sind doch möglich geworden. Ein Schock war das Buch für alle, die Optimismus als Pflicht ansahen und das Buch demgemäß als antikonziliar einstuften. Andererseits habe ich aus vielen Reaktionen das Aufatmen der Menschen wahrnehmen können, die froh waren, dass jemand einfach die Wirklichkeit wahrzunehmen und auszusagen versuchte, auch wo sie betrüblich war; dass jemand die eingespielte political correctness durchbrach und gerade so Mut zum Glauben machte.

Aus dem Abstand von mehr als 20 Jahren wird man das Buch heute anders lesen als im damaligen Kontext. Die Situation der Kirche und Welt hat sich verändert. Neue Fragen haben sich in den Vordergrund geschoben, die damals noch kaum sichtbar geworden waren – besonders das Problem des Dialogs der Religionen und der Einzigkeit des Erlösers Jesus Christus, die auf der Einheit und der Einzigkeit der Wahrheit beruht. Dennoch ist mir beim Lesen bewusst geworden, dass die Probleme von damals uns durchaus auch heute noch beschäftigen. Ich habe mich in den Antworten von damals wiedererkannt, die ich heute kaum anders geben würde. So hoffe ich, dass das bescheidene kleine Buch auch heute noch einen Dienst leisten kann.

Rom, 15. Januar 2007 *Benedikt XVI.*

Das Gespräch mit dem Präfekten der Glaubenskongregation

„Ein aggressiver Deutscher, mit einem stolzen Auftreten, ein Asket, der das Kreuz wie ein Schwert trägt."

„Ein urwüchsiger Bayer, von freundlicher Erscheinung, der in einer kleinen Wohnung in der Nähe des Vatikans wohnt."

„Ein Panzer-Kardinal, der nie die prunkvollen Gewänder und das goldene Brustkreuz eines Fürsten der Heiligen Römischen Kirche abgelegt hat."

„Er geht in Jacke und Krawatte, oft fährt er selbst in einem Kleinwagen durch Rom: Wer ihn sieht, würde nie denken, daß er einer der wichtigsten Männer im Vatikan ist."

Man könnte diese (natürlich authentischen) Zitate fortsetzen, die aus Zeitungsartikeln stammen, welche in aller Welt erschienen sind. Artikel, die einige in der Monatszeitschrift *Jesus* veröffentlichte und dann in viele Sprachen übersetzte Kostproben aus dem Interview kommentieren, das uns von Joseph Kardinal Ratzinger gewährt wurde. Er ist seit Januar 1982 Präfekt der Heiligen Kongregation für die Glaubenslehre, das ist bekanntlich jene vatikanische Behörde, die bis vor zwanzig Jahren (seit vier Jahrhunderten) die „Römische und Universale Inquisition" oder das „Heilige Offizium" genannt wurde.

Wenn man so widersprüchliche Beschreibungen desselben physischen Aussehens von Kardinal Ratzinger liest, könnte man boshaft den Verdacht hegen, daß auch alles andere in diesen Kommentaren ziemlich weit von jenem Ideal einer „objektiven Information" entfernt ist, über das wir Journalisten oft in unseren Versammlungen diskutieren. Wir wollen uns diesbezüglich nicht äußern; wir beschränken uns darauf zu erinnern, daß alles auch eine positive Seite hat.

Vielleicht sind diese widersprüchlichen „Verfremdungen" des „Präfekten des Glaubens" durch die Feder mancher (gewiß nicht aller) Kollegen ein Zeichen für das Interesse an dem Interview mit dem Verantwortlichen einer Kongregation, deren Zurückhaltung legendarisch und deren höchste Norm das Geheimnis war.

Das Ereignis war auch wirklich ungewöhnlich. In den Tagen, in denen Kardinal Ratzinger uns zum Gespräch zur Verfügung stand, hat er das absolut längste und vollständigste seiner seltenen Interviews gewährt. Man muß bedenken, daß niemand in der Kirche – vom Papst selbstverständlich abgesehen – unsere Fragen mit größerer Autorität hätte beantworten können. Die Glaubenskongregation ist ja das Instrument, durch das der Heilige Stuhl die Vertiefung des Glaubens anregt und über seine Reinheit wacht. Sie ist folglich die eigentliche Hüterin der katholischen Orthodoxie. Nicht zufällig steht sie in der offiziellen Liste der Kongregationen der Römischen Kurie an erster Stelle; sie ist in der Tat, wie Paul VI. schrieb, als er ihr in der nachkonziliaren Reform den Vorrang vor allen anderen einräumte, „die Kongregation, die die wichtigsten Dinge behandelt".

Die Einzigartigkeit eines so ausgedehnten Interviews mit dem „Präfekten des Glaubens" – und auch die Deutlichkeit der Aussagen – machen verständlich, daß sich bei einigen Kommentatoren das Interesse in Leidenschaft verwandelte, in das Bedürfnis, Stellung zu beziehen: *für* oder *gegen*. Eine Stellungnahme, die je nach Auffassung des Journalisten auch das äußere Erscheinungsbild von Kardinal Ratzinger positiv oder negativ zeichnete.

Was mich betrifft, so kannte ich von Kardinal Ratzinger nur seine Schriften, aber persönlich war ich ihm nie begegnet. Unser Treffen sollte am 15. August 1984 in jener kleinen berühmten Stadt stattfinden, die die Italiener Bressanone und die Deutschen Brixen nennen: einer der wichtigsten historischen Orte jener Region, die für die einen *Alto Adige*, für die anderen *Südtirol* heißt; ein Ort der Fürstbischöfe, der Kämpfe zwischen Päpsten und Kaisern; ein Land der freundschaftlichen und – gestern wie heute auch – feindschaftlichen Begegnung zwischen lateinischer und germanischer Kultur. Ein fast symbolischer Ort also, auch wenn er nicht eigens deshalb gewählt wurde. Warum dann Bressanone-Brixen?

Manch einer stellt sich die Mitglieder des Heiligen Kollegiums, die Kardinäle der Heiligen Römischen Kirche, vielleicht noch wie Fürsten vor, die sich im Sommer aus ihren prunkvollen Palästen der *Urbs* an einen lieblichen Ort zur Sommerfrische begeben.

Für Seine Eminenz, Kardinalpräfekt Joseph Ratzinger, ist die Realität völlig anders. Die äußerst knapp bemessene Zeit, die er dem August Roms entkommen kann, verbringt er im nicht sehr kühlen Tal von Brixen. Er wohnt dort nicht in einer Villa oder in einem Hotel, sondern im Priesterseminar, das einige Zimmer preiswert vermietet: Die Diözese erhält dadurch Einnahmen für den Unterhalt von Theologiestudenten.

In den Gängen und im Refektorium des alten Barockgebäudes treffen sich ältere Geistliche, die von jener bescheidenen und preiswerten Sommerfrische angezogen werden; es begegnen einander deutsche und österreichische Pilgergruppen, die auf ihrer Reise nach dem Süden hier Halt machen.

Kardinal Ratzinger wohnt dort, er ißt die einfachen Speisen, die die Tiroler Schwestern zubereiten, sitzt an einem Tisch mit den Priestern, die hier Urlaub machen. Allein, ohne den deutschen Sekretär, der in Rom bei ihm ist, zeitweilig in der Gesellschaft von Bekannten, die ihn aus dem nahen Bayern besuchen kommen.

Ein junger Mitarbeiter des Kardinals in Rom hat uns von dem intensiven Gebetsleben erzählt, mit dem er der Gefahr entgegenwirkt, zu einem großen Bürokraten zu werden, der Dekrete unterschreibt, ohne sich um die Menschlichkeit der betroffenen Personen zu kümmern. „Oft", so sagte uns der junge Mann, „versammelt er uns in der Kapelle des Palastes zur Meditation und zum gemeinsamen Gebet. In ihm lebt das beständige Bedürfnis, unsere alltägliche, oft undankbare Arbeit im Umgang mit der ‚Pathologie des Glaubens' in einem gelebten Christentum wurzeln zu lassen."

Links und rechts. Optimismus und Pessimismus

Ein Mann also, der gänzlich in einem religiösen Leben verwurzelt ist. Und nur von diesem Standpunkt aus kann man das Anliegen verstehen, das hinter seinen Ausführungen steht. Von dieser Perspektive aus verlieren auch die Schematisierungen *Konservativer – Progressist, rechts – links* ihren Sinn, die ja aus einem anderen Bereich, nämlich dem der politischen Ideologien stammen; diese sind nicht auf die religiöse Sichtweise übertragbar, welche, um mit Pascal zu sprechen, „von einer anderen Ordnung ist, die an Tiefe und Höhe alle übrigen übertrifft".

Ebenso abwegig wäre es, auf ihn ein anderes plumpes Schema (*Optimist; Pessimist*) anzuwenden: Je mehr sich der gläubige Mensch das Ereignis zu eigen macht, das den Optimismus schlechthin begründet – die Auferstehung Christi –, um so mehr kann er den Realismus, die Klarheit und den Mut aufbringen, die Probleme beim Namen zu nennen, um sie in Angriff zu nehmen, ohne die Augen zu verschließen oder sie mit einer rosa Brille zu beschönigen.

In einer Konferenz (es war 1966) kam der damalige Theologieprofessor Ratzinger in bezug auf die Situation der Kirche und ihren Glauben zu folgendem Schluß: „Vielleicht hätten Sie ein optimistischeres, ein freudigeres und helleres Bild erwartet. Vielleicht gäbe es auch manchen Anlaß dazu. Aber es scheint mir wichtig, das, was uns auf dem Konzil freudig und dankbar gemacht hat, nun auch in seiner Zweigesichtigkeit zu erkennen und so den Auftrag zu verstehen, den es enthält. Und es scheint mir wichtig, den gefährlichen neuen Triumphalismus zu erkennen, zu dem oft gerade die Gegner des alten tendieren. Solange die Kirche auf Erden pilgert, hat sie keinen Grund, sich ihres eigenen Werkes zu rühmen. Solches Rühmen könnte gefährlicher werden als Pfauenwedel und Tiara, die uns ohnedies mehr zum Lächeln als zum Stolz veranlassen."

Sein Bewußtsein, daß „der Ort der Kirche auf Erden allein die Nähe des Kreuzes ist", führt – seiner Meinung nach – nicht zur Resignation, sondern zum Gegenteil: „Das Konzil – sagt er – wollte den Übergang von einer bewahrenden zu einer missionarischen Haltung markieren. Viele vergessen, daß für das Konzil der Gegenbegriff zu ‚konservativ' nicht ‚progressiv', sondern ‚missionarisch' ist."

„Der Christ", so erinnert er den, der ihn des Pessimismus verdächtigt, „weiß, daß die Geschichte schon gerettet ist, daß also der Ausgang letztlich positiv sein wird. Aber wir wissen nicht, durch welche Umstände und Schicksalsschläge wir zu jenem großen Finale gelangen werden. Wir wissen, daß die ‚Mächte der Unterwelt' nicht über die Kirche siegen werden, aber wir wissen nicht, unter welchen Bedingungen das geschehen wird."

An einem bestimmten Punkt breitete er die Arme aus und erklärte sein ‚Rezept' angesichts einer kirchlichen Situation, in der er Lichtpunkte, aber auch Gefahren sieht:

„Mehr als je zuvor hat uns heute der Herr bewußt gemacht, daß nur Er Seine Kirche retten kann. Sie gehört Christus, an ihm liegt es, für sie zu sorgen. Von uns ist gefordert, mit allen Kräften zu arbeiten, ohne Angst und mit der Gelassenheit dessen, der weiß, daß er unnützer Knecht ist, auch wenn er seine ganze Pflicht getan hat. Auch in diesem Verwiesensein auf unsere Kleinheit sehe ich eine der Gnaden dieser schwierigen Zeit. Eine Zeit, in der die Geduld, jene alltägliche Form der Liebe, gefordert ist. Eine Liebe, in der gleichzeitig der Glaube und die Hoffnung gegenwärtig sind."

Um die Wahrheit zu sagen (gerade im Hinblick auf die „Objektivität", von der wir sprachen): Ich habe in den Tagen, die wir gemeinsam verbrachten, an ihm nichts bemerkt, was das Bild vom Dogmatiker, vom harten Großinquisitor, das ihm einige anhängen wollten, rechtfertigen würde. Zuweilen habe ich ihn betrübt erlebt, aber er konnte auch herzlich lachen, wenn er etwa eine Anekdote erzählte oder eine pointierte Antwort formulierte. Zu dem Sinn für Humor gesellt sich eine andere Charaktereigenschaft, die ebenso dem Klischee des „Inquisitors" widerspricht: die Fähigkeit zuzuhören, die Bereitschaft, sich durch Fragen unterbrechen zu lassen, und die Bereitwilligkeit, auf alles mit äußerster Offenheit zu antworten, während er zuläßt, daß das Tonbandgerät weiterläuft. Ein Mann also, der weit entfernt ist von dem stereotypen Bild, das einen „Kurienkardinal" gern als einen Ausweicher und einen diplomatischen Duckmäuser darstellt. Als langjähriger Journalist und somit als einer, der jede Art von Gesprächspartner (einschließlich hoher vatikanischer Prälaten) gewohnt ist, muß ich bekennen, daß ich oftmals darüber erstaunt war, auf jede meiner Fragen, auch auf die heikelsten, eine klare und direkte Antwort zu erhalten.

Dem Urteil des Lesers (zu welchem Ergebnis er dann auch immer kommen mag) vertrauen wir also seine Ausführungen an. Wir haben sie zu Papier gebracht, wobei wir uns um die Treue gegenüber dem bemühten, was wir gehört haben.

Es bleibt noch darauf hinzuweisen, daß die Texte – sowohl des Artikels wie auch dieses Buches – vom Gesprächspartner durchgesehen worden sind, daß er sie (nicht nur im italienischen Original, sondern auch in den Übersetzungen, angefangen von der deutschen, die für viele andere normierend ist) gebilligt hat, indem er erklärte, sich darin wiederzuerkennen.

Dies sagen wir an die Adresse derer, die – in den äußerst lebhaften Reaktionen auf die Vorankündigungen – den Verdacht gehegt haben, im Interview würde *zu viel* vom Interviewer enthalten sein. Aus der Billigung der Texte durch Kardinal Ratzinger ergibt sich, daß es sich hier nicht mehr um „den Kardinal Ratzinger nach dem Bilde eines Journalisten" handelt, sondern um „den Ratzinger, der, nachdem er von einem Journalisten interviewt worden ist, die Treue der Interpretation anerkannt hat". Wie er auch die lange Zusammenfassung, die vom *Osservatore Romano* veröffentlicht worden ist, anerkannt zu haben scheint.

Andere wiederum haben den Verdacht geäußert, daß im Text *zu wenig* von uns enthalten sei: so als ob es sich um eine „gelenkte" Vorgehensweise gehandelt hätte, um einen Schachzug innerhalb einer wer weiß wie komplexen Strategie, in welcher der Journalist bloß als Strohmann dient. Es wird also gut sein, den Verlauf der Dinge genau und in ihrer schlichten Wahrheit darzulegen. Eine allgemeine Bitte um ein Interview war von den Verlegern, für die ich arbeite, vorgebracht worden: Falls der Kardinal nicht bloß einige Stunden, sondern einige Tage zur

Verfügung stehen würde, könnte der für eine Fachzeitschrift vorgesehene Artikel in ein Buch umgewandelt werden. Nach einiger Zeit hat das Sekretariat von Kardinal Ratzinger geantwortet und den Journalisten nach Brixen eingeladen. Hier hat sich der Präfekt ohne jedes vorherige Übereinkommen dem Journalisten zur Verfügung gestellt unter der einzigen Bedingung, daß er die Texte vor der Veröffentlichung durchsehen könne. Also keinerlei vorheriger und keinerlei nachträglicher Kontakt oder Eingriff, sondern Freiheit und volles Vertrauen (in die offensichtliche Treue) für den Journalisten, der das Gespräch wiedergibt.

Unter denen, die ein *Zuwenig* unterstellt haben, gibt es auch jene, die uns getadelt haben, daß wir nicht genügend „polemisch“, „kritisch“, oder sogar „zu gutwillig“ mit Joseph Ratzinger umgegangen seien. Aber diese Einwände kommen von denen, die einer Art von Journalismus anhängen, die uns als die übelste erscheint. Einem Journalismus nämlich, in dem der Gesprächspartner bloß als Vorwand dient, um dem Chronisten zu ermöglichen, sich selbst zu produzieren, indem er seine Sicht der Dinge hervortreten läßt.

Wir glauben hingegen, daß unsere eigentliche Aufgabe als „Informatoren“ eben darin besteht, die Leser über den Standpunkt des Befragten zu *informieren* und das Urteil den Lesern selbst zu überlassen. Es geht darum, den Gesprächspartner anzuregen, daß er sich erklärt, ihm die Stimme zu geben für das, was er zu sagen hat: Wie mit jedem anderen, so sind wir mit dem Präfekten der Kongregation für die Glaubenslehre verfahren.

Wir verbergen jedoch nicht (wir legen dies genau dar, um heuchlerische Vorträge über unmögliche „Neutralitäten“ zu vermeiden), daß wir selbst in das Abenteuer der Kirche an diesem Wendepunkt ihrer Geschichte mit hineingezogen sind. Wir verbergen nicht, daß wir selbst die Gelegenheit genutzt haben zu verstehen, was sich in einem kirchlichen Bereich ereignet, der uns, auch wenn wir Laien sind, doch persönlich betrifft. Auch wenn wir die Fragen an den Kardinal im Namen der Leser vorgebracht haben, so waren sie doch auch *unsere* Fragen und entsprachen *unserem* Wunsch nach Klärung.

Theologe und Seelsorger

Es steht außer Zweifel, daß Johannes Paul II. eine „Prestige"-Entscheidung getroffen hat, als er Joseph Ratzinger zum Verantwortlichen des ehemaligen Heiligen Offiziums ernannt hat. 1977 wurde er von Paul VI. zum Kardinal-Erzbischof der Diözese München berufen, einer Diözese mit einer ruhmreichen Vergangenheit und einer bedeutungsvollen Gegenwart. Aber der Priester, dem überraschend dieser Bischofssitz übertragen wurde, gehörte bereits zu den berühmtesten katholischen Gelehrten mit einem unverwechselbaren Ort in jeder zeitgenössischen Theologiegeschichte.

1927 in Marktl am Inn in der bayerischen Diözese Passau geboren, in Freising (Erzdiözese München) 1951 zum Priester geweiht, Dissertation über den heiligen Augustinus und dann Dozent für Dogmatik an den bekannten deutschen Universitäten (Münster, Tübingen, Regensburg), hatte Ratzinger sowohl wissenschaftliche Arbeiten veröffentlicht als auch Essays, die große Verbreitung fanden und in vielen Ländern zu Bestsellern geworden sind. Die Kritiker bescheinigen seinem Werk nicht nur Kompetenz in Spezialgebieten, sie heben auch das umfassende Fragen nach dem hervor, was die Deutschen *das Wesen* nennen, gerade auch nach dem Wesen des Glaubens und seiner Möglichkeit, sich mit der modernen Welt auseinanderzusetzen.

Typisch hierfür ist seine *Einführung in das Christentum*, eine Art Klassiker, der ständig neu aufgelegt wird und eine ganze Generation von Klerikern und Laien geformt hat, die von einer „katholischen" und gleichzeitig dem neuen Klima des II. Vatikanums gänzlich „aufgeschlossenen" Denkweise angezogen waren. Am Konzil nahm der junge Theologe Ratzinger als *Peritus* des deutschen Episkopates teil, wobei er die Hochachtung und die Solidarität derer eroberte, die in jener historischen Versammlung eine einmalige Gelegenheit sahen, die kirchliche Praxis und Pastoral entsprechend der veränderten Zeitsituation zum Ausdruck zu bringen.

Ein ausgewogener „Progressist" also, wenn man jenes abwegige Schema, von dem wir spachen, anwenden will. Jedenfalls befindet sich 1964 Professor Ratzinger – was seinen Ruf als „aufgeschlossenen" Gelehrten bestätigt – unter den Gründern jener internationalen Zeitschrift *Concilium*, um die sich der sogenannte progressive Flügel der Theologie schart. Ein eindrucksvoller Kreis, der sein Zentrum in einer eigens dafür bestimmten „Stiftung Concilium" in Nimwegen in Holland hat und weltweit über 500 Mitarbeiter verfügen kann, welche jährlich ungefähr 2000 Seiten produzieren, die in viele Sprachen übersetzt werden. Vor zwanzig Jahren war Joseph Ratzinger also bei den Gründern und Leitern einer Zeitschrifts-Institution, die zu einem recht kritischen Gesprächspartner der Glaubenskongregation werden sollte.

Welche Bedeutung hatte diese Zusammenarbeit für den, der dann Präfekt des ehemaligen Heiligen Offizium werden sollte? Handelte es sich um einen Fehltritt? Eine Jugendsünde? Und was ist in der Zwischenzeit eingetreten? Ein Wendepunkt in seinem Denken? Eine „Sinnesänderung"?

Ich fragte ihn das ein wenig scherzhaft, aber die Antwort war prompt und ernst: „Nicht ich habe mich geändert, sondern die anderen. Schon bei unseren ersten Zusammenkünften wies ich meine Kollegen auf zwei Erfordernisse hin. *Zum einen*: Unsere Gruppe dürfe in keinerlei Sektierertum und Arroganz verfallen, als ob wir die neue, wahre Kirche, ein alternatives Lehramt seien, das die Wahrheit über das Christentum gepachtet hätte. *Zum zweiten*: Es bedürfe der Auseinandersetzung ohne einzelgängerische Fluchten nach vorne mit der Wirklichkeit des II. Vatikanums, mit dem echten Buchstaben und dem echten Geist des Konzils, nicht mit einem imaginären III. Vatikanum. Diese Erfordernisse sind in der Folgezeit immer weniger beachtet worden bis hin zu einem Wendepunkt, der um 1973 anzusetzen ist, als jemand anfing zu sagen, daß die Texte des II. Vatikanums nicht mehr der Bezugspunkt für die katholische Theologie seien. Es wurde in der Tat behauptet, das Konzil würde dem traditionellen, klerikalen Moment' der Kirche angehören und es sei folglich notwendig, daß man es überwinde: Es sei also nur ein Ausgangspunkt. Aber in jenen Jahren hatte ich mich sehr bald sowohl vom Leitungs- als auch vom Mitarbeiterstab abgesetzt. Ich habe immer versucht, dem II. Vatikanum, diesem *Heute* der Kirche, treu zu bleiben, ohne Sehnsucht nach einem unwiederbringlich vergangenen *Gestern* und ohne ungeduldiges Drängen nach einem *Morgen*, das nicht unser ist."

Von der theoretischen Abstraktion zur konkreten pastoralen Erfahrung überleitend, fährt er fort: „Ich habe meine Arbeit als Lehrer und Forscher geliebt. Ganz bestimmt nicht habe ich die Leitung der Erzdiözese München und dann der Glaubenskongregation angestrebt. Das ist eine harte Aufgabe, die mir jedoch, indem ich täglich die Berichte verfolge, die aus aller Welt auf meinen Tisch gelangen, erlaubt hat zu begreifen, was Sorge für die universale Kirche bedeutet. Von meinem so ungemütlichen Platz aus (der mir aber wenigstens ermöglicht, die allgemeine Lage zu überblicken) habe ich begriffen, daß eine bestimmte ‚Protesthaltung' mancher Theologen von der typischen Mentalität des reichen Bürgertums des Westens geprägt ist. Die Wirklichkeit der konkreten Kirche, des demütigen (einfachen) Gottesvolkes, ist eine sehr andere, als man es sich in manchen ‚Labors' vorstellt, in denen die Utopie destilliert wird."

Der Schatten über dem „Heiligen Offizium"

Wie man ihn auch immer beurteilen mag, fest steht, daß der „Gendarm des Glaubens" in Wirklichkeit kein Mann der *Nomenklatur* ist, kein Funktionär, der nur kirchliche Behörden und Apparate kennt; er ist ein Gelehrter mit einer konkreten pastoralen Erfahrung.

Und die Kongregation, zu deren Vorsitz er berufen wurde, ist bestimmt nicht mehr jenes *Heilige Offizium*, um das herum sich (als Folge tatsächlicher historischer Schuld, aber auch unter dem Einfluß der antikirchlichen Propaganda in Europa seit dem 18. Jahrhundert bis heute) eine finstere, „schwarze Legende" gebildet hatte. Heute ist es gerade die profangeschichtliche Forschung, die anerkennt, daß das wirkliche *Heilige Offizium* gerechter, maßvoller und behutsamer war, als es ein bestimmter Mythos, der sich hartnäckig in der gängigen Vorstellung hält, wahrhaben will.

Die Fachleute empfehlen außerdem, zwischen der „Spanischen Inquisition" und der „Römischen und Universalen Inquisition" zu unterscheiden. Diese wurde im Jahre 1542 von Papst Paul III. gegründet, dem Papst, der sich inständig bemühte, jenes Konzil einzuberufen, das dann unter dem Namen „Tridentinum" in die Geschichte eingehen sollte. Als eine erste Maßnahme der katholischen Reform, auch um die reformatorischen Ideen aufzuhalten, die sich von Deutschland und der Schweiz aus überallhin auszubreiten begannen, setzte Paul III. eine aus sechs Kardinälen bestehende Sondereinrichtung ein, welche die Befugnis hatte, überall einzugreifen, wo man es für notwendig erachtete. Anfänglich handelte es sich nicht einmal um eine ständige Institution, und es gab für sie auch keine offizielle Bezeichnung; erst später wurde sie *Heiliges Offizium* oder *Kongregation der Römischen und Universalen Inquisition* genannt. Sie unterlag nie Übergriffen von seiten der weltlichen Macht, und sie hielt sich (wenigstens im Blick auf die juristische Situation der damaligen Zeit und die Rauhheit der Auseinandersetzungen) an präzise und rechtlich gesicherte Verfahren. Diesbezüglich war die *Spanische Inquisition* etwas sehr anderes: Sie war in der Tat ein Tribunal des spanischen Königs, ein Instrument des staatlichen Absolutismus, das (ursprünglich gegen Juden und Mohammedaner geschaffen, die einer vorgetäuschten Konversion zu einem Katholizismus verdächtigt wurden, und das von der Krone auch als politisches Instrument benutzt wurde) nicht selten im Widerspruch zu Rom agierte, von wo aus die Päpste es nicht an Rügen und Protesten fehlen ließen.

Wie dem auch sei, heute gehört dies alles auch für die römische Ex-Inquisition beziehungsweise für das „Ex-Heilige Offizium" – angefangen beim Namen – der Vergangenheit an. Wie wir sahen, war sie die erste Kongregation, die von Paul VI. – durch ein *Motu Proprio* vom 7. Dezember 1965, dem letzten Tag des Konzils – reformiert wurde. Die Reform bestätigte ihre Aufgabe, über den Glauben zu wachen, änderte ihre Verfahrensordnung und wies ihr auch eine positive Rolle zu, bei der es um Anregungen, Vorschläge und Hinweise geht.

Auf meine Frage, ob ihm der Wechsel von der Aufgabe des (wenngleich unter dem wachsamen Auge Roms stehenden) Theologieprofessors zu dem des Überwachers der theologischen Tätigkeit schwer geworden sei, antwortet er ohne Zögern: „Ich wäre niemals zu diesem kirchlichen Amt bereit gewesen, wenn meine Aufgabe vorwiegend im Überwachen bestanden hätte. Mit der Reform fallen unserer Kongregation wohl weiterhin Entscheidungen zu, die auch disziplinäre Eingriffe nach sich ziehen können. Aber sie sind doch wesentlich einem positiven Auftrag zugeordnet, eben dem, ‚die gesunde Lehre voranzutreiben, um den Verkündigern des Evangeliums neue Energien zu geben'. Wir sind natürlich nach wie vor auch dazu aufgerufen, zu wachen, ‚die Irrtümer zu korrigieren und die Irrenden auf den rechten Weg zurückzuführen', wie dasselbe Dokument sagt, aber dieser Schutz des Glaubens muß seiner Förderung zugeordnet bleiben."

Ein unverstandener Dienst

Trotz aller Reform können viele der heutigen Katholiken nicht mehr die Bedeutung des Dienstes verstehen, den diese Kongregation der Kirche erweist. Diese hat, nachdem man sie auf die Anklagebank geschleppt hat, nun auch ihrerseits das Recht, ihre Argumente vorzubringen. Sie entsprechen, wenn wir recht verstanden haben, mehr oder weniger dem, was sich in Dokumenten und Verlautbarungen findet und was Theologen vorgebracht haben, die ihre Funktion als eine „mehr denn je grundlegende" einschätzen.

Diese sagen also: „Unverzichtbarer Ausgangspunkt für ein Verständnis ist und bleibt eine religiöse Sichtweise, außerhalb derer Amt als Intoleranz und Auftrag zur Sorge als Dogmatismus erscheinen würde. Wenn man sich also in eine religiöse Sicht der Dinge begibt, versteht man, daß der Glaube das höchste und kostbarste Gut ist – einfach deshalb, weil Wahrheit ein grundlegendes Lebenselement für den Menschen ist. Deshalb müßte die Sorge darum, daß der Glaube unter uns nicht verdirbt, – zumindest von den Gläubigen – als höher angesehen werden als die Sorge um die Gesundheit des Leibes. Das Evangelium ermahnt uns, nicht die zu fürchten, die den Leib töten, sondern vielmehr jene, die zusammen mit dem Leib auch die Seele töten können (vgl. Mt 10,28). Dasselbe Evangelium erinnert auch daran, indem es die Worte aus dem Alten Testament aufgreift, daß der Mensch nicht ‚vom Brot allein', sondern vor allem vom ‚Wort Gottes' lebt (Mt 4,4). Aber jenes Wort, das weniger entbehrlich ist als die Nahrung, muß in seiner Ursprünglichkeit aufgenommen und vor Entstellungen geschützt werden. Deshalb liegt es zunächst an der Skepsis gegenüber der Wahrheitsfähigkeit des Menschen und von daher an der veränderten Auffassung von Kirche wie an der Einebnung der Hoffnung einzig und allein auf die irdische Geschichte (wo in erster Linie nur noch der ‚Leib', das ‚Brot' zählen, und nicht mehr die ‚Seele', das ‚Wort Gottes'), daß vielen die Aufgabe einer Kongregation wie der Glaubenskongregation als unerheblich, wenn nicht gar als anachronistisch oder schädlich erscheint."

Die Verteidiger der Kongregation, deren Präfekt jetzt Joseph Ratzinger ist, fahren fort: „Hierzu gehen einige billige Schlagworte um, von denen eines besagt, worauf es heute ankomme, sei allein die *Orthopraxie,* also das ‚rechte Tun', die ‚Nächstenliebe'. Zweitrangig, wenn nicht entfremdend, sei dagegen die Sorge um die *Orthodoxie,* das heißt um den ‚rechten Glauben', entsprechend dem wahren Sinn der Schrift, die innerhalb der lebendigen Tradition der Kirche gelesen wird. Dies ist ein billiger Slogan, weil er oberflächlich ist: Ändern sich (immer, aber heute vor allem), je nach der Art und Weise, wie die *Orthodoxie* verstanden wird, nicht auch radikal die Inhalte der *Orthopraxie,* der Liebe zum Nächsten? Um ein Beispiel aus der aktuellen Thematik der Dritten Welt und Lateinamerikas zu nehmen: Was ist die rechte Praxis, damit den Armen in wirklich christlicher und folglich auch in wirksamer Weise geholfen wird? Setzt die Entscheidung für ein richtiges *Handeln* etwa nicht ein richtiges *Denken* voraus, verweist sie damit nicht selbst auf die Notwendigkeit der Suche nach einer Orthodoxie?"

Solchen Fragen müssen wir uns stellen. Als wir uns, bevor wir noch ins eigentliche Gespräch eintraten, über diese wichtigen Fragen unterhielten, sagte mir Ratzinger selbst: „In einer Welt, in der im Grunde auch viele Gläubige vom Skeptizismus erfaßt sind, erscheint die Überzeugung der Kirche als skandalös, daß es *eine Wahrheit* gibt und daß diese eine Wahrheit als solche erkannt, ausgesprochen und innerhalb gewisser Grenzen auch klar definiert werden kann. Sie wird auch von vielen Katholiken, die das Wesen der Kirche aus dem Blick verloren haben, als anstößig empfunden. Die Kirche ist jedoch nicht bloß eine menschliche Organisation, sondern sie hat ein Depositum zu verwalten, das nicht ihr gehört, für dessen Verkündigung und Weitergabe sie aber durch ein Lehramt bürgt, das es in geeigneter Weise den Menschen aller Zeiten nahebringt." Aber auf dieses Thema „Kirche", so meint er sogleich, werde er später mehrfach zurückkommen; denn hier liege seiner Meinung nach eine der Wurzeln für die augenblickliche Krise.

Häresien sterben nicht

Trotz ihrer auch positiven Rolle, die der Kongregation zugefallen ist, behält sie dennoch die Gewalt einzugreifen, wo der Verdacht besteht, daß sich „Häresien" festsetzen, die die Echtheit des Glaubens bedrohen. Für unsere Ohren klingen Begriffe wie „Häresie" und „häretisch" derart ungewohnt, daß man sie in Anführungszeichen setzen muß. Werden sie ausgesprochen oder geschrieben, fühlt man sich in längst vergangene Zeiten versetzt. Eminenz, gibt es wirklich noch „Häretiker", gibt es noch „Häresien"?

„Lassen Sie mich zunächst einmal auf die Antwort verweisen, die der neue Codex des kanonischen Rechtes hierauf gibt, der 1983 promulgiert wurde und nach

24jähriger Arbeit vollkommen neu gestaltet und der konziliaren Erneuerung angepaßt ist. Im Canon 751 heißt es: ‚Häresie nennt man die nach Empfang der Taufe erfolgte beharrliche Leugnung einer kraft göttlichen und katholischen Glaubens zu glaubenden Wahrheit oder einen beharrlichen Zweifel an einer solchen Glaubenswahrheit.' Was die Sanktionen betrifft, so setzt Canon 1364 fest, daß der Häretiker – wie der Apostat und der Schismatiker – der Exkommunikation *latae sententiae* verfällt. Dies gilt für alle Gläubigen, aber die Maßnahmen sind gegenüber dem Häretiker, der zugleich Priester ist, gravierender. Sie sehen also, daß auch für die nachkonziliare Kirche (um diesen Ausdruck zu gebrauchen, den ich nicht akzeptieren kann, und ich werde noch erklären, warum) Häretiker und Häresien – vom neuen Codex als ‚Straftaten gegen die Religion und die Einheit der Kirche' gekennzeichnet – existieren und daß man Wege vorgesehen hat, um die Gemeinschaft davor zu schützen.

Das Wort der Heiligen Schrift gilt für die Kirche zu jeder Zeit, so wie die Irrtumsfähigkeit des Menschen immer bleibt. Deshalb gilt auch heute die Mahnung des zweiten Petrusbriefes, man solle sich ‚vor den falschen Propheten und vor den falschen Lehrern, die verderbliche Irrlehren verbreiten' (2,1), hüten. Der Irrtum ist nicht eine Ergänzung zur Wahrheit. Man darf nicht vergessen, daß der Glaube für die Kirche ein ‚Gemeingut' ist, ein Reichtum, der allen gehört, bei den Armen angefangen, die am wenigsten vor Verkehrungen geschützt sind: Folglich sieht die Kirche in der Verteidigung des rechten Glaubens auch ein soziales Werk zugunsten aller Gläubigen. Unter diesem Gesichtspunkt darf man, im Blick auf den Irrtum, zwar nicht vergessen, daß die Rechte des einzelnen Theologen geschützt werden müssen, aber auch die Rechte der Gemeinschaft. Natürlich muß alles immer im Licht der großen Mahnung des Evangeliums gesehen werden: ‚Wahrheit in der Liebe'. Deshalb wird die Exkommunikation, der auch heute noch der Häretiker verfällt, als Besserungsstrafe verstanden, das heißt als eine Strafe, die ihn nicht bestrafen, sondern ihn vielmehr korrigieren, bessern will. Wer seinen Fehler einsieht und anerkennt, wird jederzeit mit offenen Armen, wie ein besonders lieber Sohn, in die volle Gemeinschaft der Kirche wiederaufgenommen."

Und doch, bemerke ich, erscheint all dies fast zu einfach und klar, als daß es der Wirklichkeit unserer Zeit entsprechen könnte; es paßt so wenig in vorgefaßte Schemata.

„Das stimmt – antwortet er –, im Konkreten sind die Dinge nicht so klar wie sie der neue Codex definiert (und er kann nicht anders). Wir begegnen heute kaum noch in offener Weise dieser ‚beharrlichen Leugnung' und diesem ‚beharrlichen Zweifel', von denen die Rede ist. Daß sie in einer geistig so vielschichtigen Zeit wie der unseren trotzdem existieren, ist von vornherein zu erwarten, nur wollen sie nicht als solche erscheinen. Häufig stellt man die eigenen theologischen Hypothesen dem Lehramt entgegen, indem man behauptet, dieses würde gar nicht den Glauben der Kirche zum Ausdruck bringen, sondern nur ‚die archaische römische Theologie'. Man sagt, nicht die Kongregation, sondern sie, die ‚Häretiker', würden den ‚authentischen' Sinn des überlieferten Glaubens vertreten. Wo eine noch stärkere kirchliche Bindung vorliegt, begegnet man einem anderen, aber sachlich doch verwandten Phänomen: Ich bewundere da immer wieder die Gewandtheit von Theologen, denen es gelingt, genau das Gegenteil von dem zu vertreten, was in klaren Dokumenten des Lehramtes geschrieben steht, um dann doch diese Umkehrung mit geschickten dialektischen Kunstgriffen als die ‚wahre' Bedeutung des betreffenden Dokumentes hinzustellen."

Das Konzil neu entdecken

Um in das Zentrum des Gesprächs zu gelangen, mußten wir fast notwendig bei dem außerordentlichen Ereignis anfangen, beim Zweiten Vatikanischen Konzil, dessen Abschluß sich 1985 zum zwanzigsten Male jährt. Zwanzig Jahre, die in der katholischen Kirche bei weitem mehr verändert haben als zwei Jahrhunderte.

In bezug auf die Wichtigkeit, den Reichtum, die Opportunität und die Unverzichtbarkeit der großen Dokumente des II. Vatikanums hegt heute keiner, der katholisch ist und es bleiben will, irgendwelche Zweifel – und er kann sie nicht hegen, am allerwenigsten natürlich der Präfekt der Glaubenskongregation. Ihn daran zu erinnern, wäre nicht nur überflüssig, sondern auch lächerlich: Trotzdem hielten es seltsamerweise einige Kommentatoren offenbar für notwendig, diesbezüglich Zweifel anzumelden.

Und dabei waren die von uns wiedergegebenen Aussagen, in denen Kardinal Ratzinger das II. Vatikanum und seine Entscheidungen verteidigte, nicht nur sehr klar, sondern er hatte jene Worte auch bei vielen Gelegenheiten wieder und wieder bekräftigt.

Von den unzähligen möglichen Beispielen wähle ich einen Beitrag aus, den er anläßlich des zehnten Jahrestages des Konzilsendes im Jahre 1975 verfaßt hatte. In Brixen habe ich ihm den Wortlaut jenes Beitrags wieder vorgelesen, und er bestätigte mir, daß er sich darin noch völlig wiedererkennen würde.

Zehn Jahre vor unserem Gespräch schrieb er also bereits: „Das Vaticanum II steht heute im Zwielicht. Von sog. progressiver Seite wird es seit geraumer Zeit als vollständig überholt und so als eine jetzt nicht mehr belangvolle Sache der Vergangenheit betrachtet. Von der Gegenseite" – vom *konservativen* Flügel – „wird es umgekehrt als Ursache des gegenwärtigen Verfalls der katholischen Kirche angesehen und als Abfall vom Vaticanum I wie vom Trienter Konzil gewertet. Konsequenterweise wird seine Rücknahme oder eine Revision verlangt, die der Rücknahme gleichkommt."

Dann fuhr er fort: „Beiden Richtungen gegenüber ist zunächst festzustellen, daß das Vaticanum II von derselben Autorität getragen ist wie das Vaticanum I und das Tridentinum, nämlich vom Papst und dem ihm verbundenen Bischofskollegium; daß aber auch inhaltlich das Vaticanum II sich engstens an die beiden vorausgegangenen Konzilien anschließt und sie an entscheidenden Punkten wörtlich übernimmt."

Von hier aus zog Ratzinger zwei Konsequenzen: *Erstens*: „Es ist unmöglich (‚für einen Katholiken'), sich *für* oder *gegen* Trient und Vaticanum I zu entscheiden. Wer das Vaticanum II bejaht, so wie es sich selbst eindeutig geäußert und verstanden hat, der bejaht damit die gesamte verbindliche Tradition der katholischen Kirche, insonderheit auch die beiden vorangegangenen Konzilien." Und dies gilt für den sogenannten *Progressismus* wenigstens in seinen extremen Formen. *Zweitens*: „Es ist ebenso unmöglich, sich *für* Trient und Vaticanum I, aber *gegen* das Vaticanum II zu entscheiden. Wer das Vaticanum II verneint, negiert die Autorität, die die beiden anderen Konzilien trägt und hebt sie damit von ihrem Prinzip her auf." Und dies gilt für den sogenannten *Traditionalismus*, auch er in seinen extremen Formen. „Jede Auswahl zerstört hier das Ganze (eben die Geschichte der Kirche), das nur als unteilbare Einheit zu haben ist."

Nicht das II. Vatikanum und seine Dokumente (es ist kaum nötig, daran zu erinnern) sind also problematisch. Das Problem sehen allenfalls viele – und Joseph Ratzinger gehört zu ihnen, nicht erst seit gestern – in den vielfältigen Interpretationen jener Dokumente, die zu manchen Auswüchsen der Nachkonzilszeit geführt haben.

Schon seit einiger Zeit ist Ratzingers Urteil über diese Zeit klar: „Es ist unbestreitbar, daß die letzten zehn Jahre für die katholische Kirche äußerst negativ verlaufen sind. Die Entwicklungen seit dem Konzil scheinen in eklatantem Widerspruch zu den Erwartungen aller, angefangen von Johannes XXIII. und Paul VI., zu stehen. Die Christen sind von neuem eine Minderheit, mehr als sie es seit der ausgehenden Antike je gewesen sind."

Er erklärt sein nüchternes Urteil so (er hat es während des Gesprächs auch wiederholt, aber das dürfte keineswegs überraschen, wie immer man es auch beurteilen mag, denn er hat es oftmals bekräftigt): „Was die Päpste und die Konzilsväter erwarteten, war eine neue katholische Einheit; statt dessen ist man auf eine Uneinigkeit zugesteuert, die – um die Worte von Paul VI. zu gebrauchen – von der Selbstkritik zur Selbstzerstörung überzugehen schien. Man hat sich eine neue Begeisterung erhofft, und man landete dagegen zu oft im Überdruß und in der Entmutigung. Man hatte sich einen Schritt nach vorn erwartet, und man fand sich einem fortschreitenden Prozeß des Verfalls gegenüber, der sich weitgehend im Zeichen der Berufung auf einen angeblichen ‚Geist des Konzils' abgespielt und dieses damit immer mehr diskreditiert hat."

Deshalb folgerte er daraus bereits vor zehn Jahren: „Es muß klar gesagt werden, daß eine wirkliche Reform der Kirche eine eindeutige Abkehr von den Irrwegen voraussetzt, deren katastrophale Folgen mittlerweile unbestreitbar sind."

Einmal hat er auch geschrieben: „Julius Kardinal Döpfner sagte, daß die Kirche der Nachkonzilszeit eine große Baustelle sei. Ein kritischer Geist aber hat hinzugefügt, es sei eine Baustelle, auf der der Plan verlorengegangen sei und jeder nach seinem Gutdünken weiterbaue. Das Resultat sei offenkundig."

Er ist aber auch ständig bemüht, mit eben solcher Deutlichkeit zu wiederholen, daß „das II. Vatikanum in seinen amtlichen Verlautbarungen, in seinen authentischen Dokumenten nicht für diese Entwicklung haftbar gemacht werden kann, die vielmehr in radikaler Weise sowohl dem Buchstaben als auch dem Geist der Konzilsväter widerspricht".

Er sagt: „Ich bin überzeugt, daß die Schäden, auf die wir in diesen zwanzig Jahren zugegangen sind, weniger dem ‚wahren' Konzil zuzuschreiben sind als vielmehr – auf *interner* Ebene – der Tatsache, daß sich latent vorhandene polemische und zentrifugale Kräfte in den Vordergrund gedrängt haben; und auf *externer* Ebene durch das Konfrontiertsein mit einer kulturellen Revolution im Westen: dem Erfolg der oberen Mittelschicht, des neuen ‚Tertiärbürgertums' mit seiner liberalradikalen Ideologie individualistischer, rationalistischer und hedonistischer Prägung."

Seine Parole, seine Aufforderung an alle Katholiken, die es bleiben wollen, lautet also gewiß nicht: „*zurückgehen*"; sondern vielmehr: „*Rückkehr zu den authentischen Texten des ursprünglichen II. Vatikanums*".

Für ihn, so wiederholt er, „heißt die Verteidigung der wahren Tradition der Kirche heute Verteidigung des Konzils. Es ist auch unsere Schuld, wenn wir bisweilen (sowohl nach ‚rechts' als auch nach ‚links') Anlaß gegeben haben zu denken, das II. Vatikanum sei ein ‚Bruch', ein Verlassen der Tradition gewesen. Hingegen gibt es eine Kontinuität, die weder Rückkehr ins Vergangene noch Flucht nach vorn, weder anachronistische Sehnsüchte noch ungerechtfertigte Ungeduld erlaubt. Und wir müssen dem *Heute* der Kirche treu bleiben, nicht dem *Gestern* oder dem *Morgen*: Und dieses Heute der Kirche sind die authentischen Dokumente des II. Vatikanums, ohne *Vorbehalte*, durch die sie verkürzt werden, und ohne *Eigenmächtigkeiten*, durch die sie entstellt werden."

Ein Heilmittel gegen den Anachronismus

Ist Ratzinger gegenüber „links" kritisch, so äußert er sich unmißverständlich auch nach „rechts", gegenüber jenem integralistischen Traditionalismus, als dessen Symbolfigur weithin der alte Erzbischof Marcel Lefebvre angesehen wird. In bezug darauf äußerte er sich mir gegenüber: „Wenn man bei der grundsätzlichen Absage gegenüber dem II. Vatikanum bleibt, so sehe ich keinerlei Zukunft für eine dann in sich unlogische Position. Ausgangspunkt für diese Richtung ist ja die strengste Treue zur Lehrverkündigung, besonders Pius IX. und Pius X. wie – noch grundlegender – des I. Vatikanums und seiner Definition des päpstlichen Primats. Aber warum nur die Päpste bis zu Pius XII. und nicht weiter? Ist etwa der Gehorsam gegenüber dem Heiligen Stuhl teilbar nach Jahren oder nach der Nähe einer Lehre zu vorgegebenen eigenen Überzeugungen?"

Tatsache bleibt jedoch, bemerke ich, daß, wenn Rom nach „links" hin eingegriffen hat, dies bis jetzt nach „rechts" hin noch nicht in derselben Stärke erfolgt ist.

Darauf erwidert er: „Die Anhänger von Msgr. Lefebvre behaupten das Gegenteil. Sie sagen, während man gegenüber dem verdienten Alt-Erzbischof sofort mit der harten Strafe der Suspension zugegriffen habe, dulde man in unbegreiflicher Weise jede Art von Abweichung nach der anderen Seite. Ich möchte mich auf diesen Streit um die größere oder geringere Strenge nach der einen oder anderen Richtung hin nicht einlassen. Im übrigen tragen die beiden Typen des Widerspruchs ganz unterschiedliche Züge. Die Abirrungen nach ‚links' repräsentieren zwar einen breiten Strom gegenwärtigen Denkens und Handelns in der Kirche, haben aber kaum irgendwo eine gemeinsame, rechtlich faßbare Gestalt gefunden. Die Bewegung von Erzbischof Lefebvre ist hingegen vermutlich zahlenmäßig viel weniger breit, aber sie hat eine deutlich umgrenzte rechtliche Ordnung, Seminarien, Ordenshäuser usw. Es ist klar, daß man alles tun muß, damit diese Bewegung nicht in ein eigentliches Schisma hineingerät, das dann gegeben wäre, wenn Msgr. Lefebvre sich zu einer Bischofsweihe entschließen würde, was er gottlob in der Hoffnung auf Versöhnung bisher noch nicht getan hat. Wenn wir heute in der Ökumene beklagen, daß man in früheren Zeiten nicht mehr getan hat, um aufsteigende Spaltungen durch ein Höchstmaß an Versöhnungsbereitschaft und ein Verstehen für die betroffenen Gruppen zu verhindern, so muß das natürlich auch eine Handlungsmaxime für uns in der Gegenwart sein. Wir müssen uns um Versöhnung bemühen, solange und soweit es irgend geht, und alle Chancen dafür nutzen."

Aber Lefebvre, sage ich, hat Priester geweiht und tut es weiterhin.

„Das Kirchenrecht spricht von Weihen, die unerlaubt, aber nicht ungültig sind – erklärt er. Man muß aber auch den menschlichen Aspekt dieser jungen Männer bedenken, die für die Kirche ‚wahre' Priester sind, wenn auch in einer gesetzeswidrigen Situation. Der Ausgangspunkt und die Orientierung der einzelnen sind sicher unterschiedlich. Einige sind sehr stark von ihrer familiären Situation her geprägt und haben deren Entscheidung mit übernommen.

Bei einigen spielen Enttäuschungen mit der gegenwärtigen Kirche eine Rolle, und das hat sie in Bitterkeit und Negation hineingedrängt. Manche möchten wohl durchaus in der normalen Seelsorge in der Kirche tätig sein, haben sich aber durch die unbefriedigende Situation, die in manchen Ländern in den Seminaren entstanden ist, in ihren Entscheid hineindrängen lassen. So gibt es wohl einerseits solche, die sich irgendwie mit der Spaltung abgefunden haben, andererseits aber auch viele, die auf Versöhnung hoffen und nur in dieser Hoffnung in der Priestergemeinschaft von Msgr. Lefebvre verbleiben."

Sein Rezept, um dem Fall Lefebvre und anderen anachronistischen Widerständen die Grundlage zu nehmen, erinnert an das der letzten Päpste, von Paul VI. bis zum derzeitigen: „Ähnlich absurde Situationen haben sich bis jetzt gerade dadurch aufrecht erhalten können, daß sie sich von der Willkür und dem Leichtsinn mancher nachkonziliarer Interpretationen genährt haben. Daraus ergibt sich eine weitere Verpflichtung, das wahre Antlitz des Konzils offenzulegen: So wird man diesen falschen Protesten die Grundlage nehmen können."

Der Geist des Konzils

Aber was das „wahre Konzil" betrifft, sage ich, so gehen die Ansichten darüber auseinander: Sieht man von Fällen jenes von Ihnen angesprochenen „Neo-Triumphalismus" ab, der sich weigert, die Wirklichkeit zu sehen, ist man sich doch im allgemeinen darüber einig, daß die derzeitige Situation der Kirche schwierig ist. Aber die Meinungen teilen sich sowohl hinsichtlich der *Diagnose* als auch hinsichtlich der *Therapie*. Die Diagnose einiger lautet, die Krisenerscheinungen seien nichts anderes als heilsame Fieberschübe in einer Wachstumsperiode; andere hingegen deuten sie als Symptome einer schweren Krankheit. Was die Therapie betrifft, so fordern die einen eine umfassendere Anwendung des II. Vatikanums, auch über die Texte hinaus; die anderen eine geringere Dosis an Reformen und Veränderungen. Wie ist zu entscheiden? Wem soll man recht geben?

Er antwortet: „Wie ich noch ausführlicher erläutern werde, lautet meine Diagnose: Es handelt sich um eine echte Krise, die behandelt und kuriert gehört. Ich bekräftige sodann auch, daß für diese Heilung das II. Vatikanum eine Realität ist, die voll akzeptiert werden muß, jedoch unter der Bedingung, daß es nicht bloß als ein Ausgangspunkt angesehen wird, von dem man sich laufend entfernt, sondern als Basis, auf der beständig aufgebaut werden muß. Heute sind wir gerade dabei, seine ‚prophetische' Funktion zu entdecken: Einige Texte des II. Vatikanums schienen im Augenblick ihrer Proklamation wirklich den damaligen Zeiten voraus zu sein. Es kam in der Folgezeit zu kulturellen Revolutionen und sozialen Erschütterungen, die die Väter keinesfalls voraussehen konnten, die aber gezeigt haben, wie ihre – damals verfrühten – Antworten gerade jene waren, deren es in der Folgezeit bedurfte. So wird also sichtbar, daß die Rückkehr zu den Dokumenten von besonderer Aktualität ist: Sie bieten uns das richtige Instrumentarium, um die Probleme von heute in Angriff zu nehmen. Wir sind dazu aufgerufen, die Kirche nicht *trotz*, sondern *dank* des wahren Konzils wieder zu erbauen."

Diesem „wahren Konzil", so jedenfalls seine Diagnose, „stellte man schon während der Sitzungen und mehr und mehr dann in der darauffolgenden Zeit einen angeblichen ‚Geist des Konzils' entgegen, der in Wirklichkeit ein wahrer ‚Ungeist' ist. Nach diesem Konzils-Ungeist wäre alles, was ‚neu' ist (oder angeblich neu ist: denn wie viele alte Häresien sind in diesen Jahren wieder aufgetaucht, die als Neuheit ausgegeben wurden!), immer und in jedem Fall besser als das, was gewesen ist oder was ist. Es ist der Ungeist, der die Kirchengeschichte erst mit dem II. Vatikanum als einer Art Nullpunkt beginnen läßt".

Kein Bruch, sondern Kontinuität

Diesbezüglich, so bekräftigt er, wolle er sehr deutlich sein: „Einem solchen Schematismus eines *Vor* und eines *Nach* in der Geschichte der Kirche, der überhaupt nicht gedeckt ist durch die Dokumente, die nichts anderes tun, als die Kontinuität des Katholizismus bekräftigen, heißt es entschieden entgegenzutreten. Es gibt keine *„vor"*- oder *„nach"*konziliare Kirche: Es gibt nur eine und eine einzige Kirche, die auf dem Weg zum Herrn hin unterwegs ist, indem sie den Schatz des Glaubens, den er selbst ihr anvertraut hat, beständig vertieft und immer besser versteht. In dieser Geschichte gibt es keine Sprünge, es gibt keine Brüche und es gibt keine Unterbrechung der Kontinuität. Das Konzil hatte keineswegs vor, eine Zweiteilung der Zeit der Kirche einzuführen."

In seiner Analyse fortfahrend, beteuert er: „Es lag keineswegs in der Absicht des Papstes, der die Initiative zum II. Vatikanum ergriffen hat, Johannes XXIII., und dessen, der es treu fortführte, Paul VI., ein *depositum fidei* zur Diskussion zu stellen, das vielmehr für beide als unbestritten und bereits gesichert galt."

Wollen Sie etwa, wie es einige tun, das primär *pastorale* Anliegen des II. Vatikanums unterstreichen?

„Ich möchte sagen, daß das II. Vatikanum sicher nicht den Glauben ‚ändern', sondern ihn in wirksamer Weise neu vergegenwärtigen wollte. Ich möchte ferner sagen, daß der Dialog nur auf der Grundlage einer klaren Identität möglich ist; daß man sich ‚öffnen' kann und ‚öffnen' muß, aber nur wenn man auch selbst etwas zu sagen und seine eigene Identität gewonnen hat. So war es von den Päpsten und Konzilsvätern gedacht, von denen gewiß manche einem Optimismus huldigten, den wir aus heutiger Sicht als zu wenig kritisch und realistisch beurteilen würden. Aber wenn sie der Meinung waren, daß sie sich vertrauensvoll dem öffnen könnten, was an Positivem in der modernen Welt ist, dann eben gerade deshalb, weil sie sich ihrer Identität, ihres Glaubens sicher waren.

Dagegen gab es von seiten vieler Katholiken in diesen Jahren ein ungehemmtes und ungefiltertes Sich-Öffnen zur Welt, das heißt zur herrschenden modernen Mentalität hin, indem man gleichzeitig die Grundlagen des *deposition fidei*, die für viele nicht mehr klar waren, zur Disposition stellte."

Er fährt fort: „Das II. Vatikanum hatte recht mit seinem Wunsch nach einer Revision der Beziehungen zwischen Kirche und Welt. Es gibt in der Tat Werte, die, auch wenn sie außerhalb der Kirche entstanden sind, ihren Platz – wenn auch gereinigt und korrigiert – in der kirchlichen Sicht der Dinge finden können. In diesen Jahren ist man diesem Anliegen nachgekommen. Aber es hieße, weder die Kirche noch die Welt kennen, würde jemand meinen, daß diese beiden Wirklichkeiten einander ohne Konflikt begegnen oder gar identisch werden könnten."

Schlagen Sie dann etwa vor, zum alten Geist der „Opposition gegenüber der Welt" zurückzukehren?

„Nicht die Christen sind es, die sich der Welt entgegenstellen, sondern die Welt stellt sich ihnen entgegen, wenn sie die Wahrheit über Gott, über Christus und über den Menschen verkündigen. Die Welt empört sich, wenn Sünde und Gnade beim Namen genannt werden. Nach der Phase des wahllosen ‚Sich-Öffnens' ist es an der Zeit, daß sich der Christ wieder bewußt wird, einer Minderheit anzugehören und oft zu dem in Kontrast zu stehen, was für jene Mentalität selbstverständlich, plausibel und natürlich ist, die das Neue Testament – und gewiß nicht in positivem Sinne – ,den Geist der Welt' nennt. Es ist an der Zeit, den Mut zum Nonkonformismus wiederzuentdecken, die Fähigkeit, sich entgegenzustellen, auf die vielfältigen Tendenzen der umliegenden Kultur hinzuweisen und zugleich auf eine gewisse euphorische nachkonziliare Solidarität zu verzichten."

Restauration?

An diesem Punkt – auch hier rauschte, wie während des ganzen Gesprächs, das Tonbandgerät in der Stille des Zimmers, das auf den Garten des Seminars hinausgeht, habe ich Kardinal Ratzinger die Frage gestellt, deren Antwort äußerst lebhafte Reaktionen hervorgerufen hat. Reaktionen, die auch durch die unvollständige Wiedergabe in den Berichten verursacht waren, sowie durch den emotional geladenen Inhalt des Wortes, das mit im Spiele war („*Restauration*"), das auf vergangene Epochen verweist, die sicher weder wiederholbar noch – zumindest nach unserer Meinung – wünschenswert sind.

Ich habe also den Präfekten der Glaubenskongregation gefragt: Wenn man das bedenkt, was Sie sagen, dann scheinen diejenigen nicht unrecht zu haben, die behaupten, daß die Hierarchie der Kirche beabsichtige, die erste Phase der Nachkonzilszeit zu beenden, und daß (wenn auch sicher nicht in der Rückkehr zur Zeit vor dem Konzil, sondern zu den „echten" Dokumenten des II. Vatikanums) dieselbe Hierarchie beabsichtige, eine Art „Restauration" in Gang zu setzen.

Hier die wörtliche Antwort des Kardinals: „Wenn mit ,Restauration' ein Zurückgehen gemeint ist, dann ist keinerlei Restauration möglich. Die Kirche schreitet vorwärts auf die Vollendung der Geschichte zu, sie blickt voraus auf den Herrn, der kommt. Nein: Man geht nicht zurück, noch kann man es. In diesem Sinn gibt es also keinerlei ‚Restauration'. Aber wenn wir unter ‚Restauration' die Suche nach einem neuen Gleichgewicht verstehen, nach all den Übertriebenheiten einer wahllosen Öffnung zur Welt, nach den zu positiven Interpretationen einer agnostischen und atheistischen Welt; nun gut, dann wäre eine ‚Restauration', die in diesem Sinn verstanden wird (also ein neugefundenes Gleichgewicht der Orientierungen und der Werte innerhalb des katholischen Ganzen), durchaus wünschenswert, im übrigen ist sie in der Kirche bereits im Gange. In diesem Sinn kann man sagen, daß die erste Phase nach dem II. Vatikanum zu Ende ist."[1]

1 In vielen journalistischen Reaktionen auf diese Antwort ist der Terminus ‚Restauration' nicht mit allen notwendigen und hier aufgeführten Präzisierungen erfaßt worden. Deshalb äußerte er sich auf die Anfrage einer Zeitschrift hin wie folgt schriftlich: „Vor allem möchte ich einfach an das erinnern, was ich wirklich gesagt habe: Es gibt keinerlei Rückkehr zur Vergangenheit, eine so verstandene Restauration ist nicht nur unmöglich, sondern auch nicht wünschenswert. Die Kirche bewegt sich vorwärts der Vollendung der Geschichte zu, sie blickt nach vorne, dem Herrn entgegen.
Wenn man jedoch den Terminus ‚Restauration' nach seinem semantischen Inhalt versteht, das heißt als Wiedergewinnung von verlorenen Werten innerhalb einer neuen Totalität, dann möchte ich sagen, daß dies gerade die Aufgabe ist, die sich heute, in der zweiten Phase der Nachkonzilszeit aufdrängt. Dennoch ist das Wort ‚Restauration' für uns moderne Menschen linguistisch derart besetzt, daß es schwierig ist, ihm diese Bedeutung beizulegen. In Wirklichkeit will es buchstäblich dasselbe wie das Wort ‚Reform' sagen, ein Terminus, der für uns heute völlig anders klingt. Vielleicht kann ich den Sachverhalt mit einem Beispiel aus der Geschichte erklären. Für mich ist Karl Borromäus der klassische Ausdruck einer wahren Reform, einer Erneuerung nämlich, die vorwärts führt, eben weil sie lehrt, in neuer Weise die bleibenden Werte zu leben, indem sie die Gesamtheit des christlichen Faktums und die Gesamtheit des Menschen gegenwärtig hält. Man kann sicher sagen, daß Karl Borromäus die katholische Kirche wiederaufgebaut (‚restauriert') hat, die auch im Bereich von Mailand damals mittlerweile nahezu zerstört war, ohne daß er deshalb zum Mittelalter zurückgekehrt wäre; im Gegenteil, er hat eine moderne Form von Kirche geschaffen. Wie wenig ‚restaurativ' eine solche ‚Reform' war, sieht man zum Beispiel an der Tatsache, daß Karl einen religiösen Orden aufhob, der bereits am Untergehen war, und seine Güter neuen, lebendigen Gemeinschaften zuwies. Wer besitzt heute einen solchen Mut, das als endgültig zur Vergangenheit gehörig zu erklären, was innerlich tot ist (und nur äußerlich weiterlebt), und es mit Klarheit den Kräften der

Für ihn liegt es, wie er mir erklärt, daran, daß „die Situation verändert ist: Das Klima hat sich – verglichen mit der Phase einer unrealistischen Euphorie, deren Früchte jetzt mahnend vor uns liegen – deutlich verschlechtert. Der Christ ist zu jenem *Realismus* angehalten, der nichts anderes ist als volle Wachheit gegenüber den Zeichen der Zeit. Und deshalb schließe ich aus, daß man (unrealistischerweise) daran denken könnte, den Weg wiederaufzunehmen, als ob das II. Vatikanum nie gewesen wäre. Viele der konkreten Ergebnisse, die wir jetzt sehen, entsprechen nicht den Absichten der Konzilsväter, aber wir können gewiß nicht sagen, ‚es wäre besser gewesen, wenn es nie stattgefunden hätte'. Kardinal Henry Newman, der Konzilshistoriker und große Gelehrte, der vom Anglikanismus zum Katholizismus konvertiert ist, sagte, ein Konzil sei immer ein Risiko für die Kirche, und folglich dürfe man es nur für wenige Dinge einberufen und nicht zu sehr in die Länge ziehen. Es ist wahr, daß die

---

neuen Zeit anzuvertrauen? Oft werden neue Erscheinungen christlichen Erwachens gerade von seiten sogenannter Reformer bekämpft, die ihrerseits krampfhaft Institutionen verteidigen, die nur noch im Selbstwiderspruch weiterbestehen.
An Karl Borromäus ist also das zu sehen, was ich mit ‚Reform' meinte (oder ‚Restauration' in seiner ursprünglichen Bedeutung): nämlich leben, indem man auf ein Ganzes hin ausgerichtet ist, leben von einem ‚Ja', das die einander widerstreitenden Kräfte der menschlichen Existenz zur Einheit zurückführt; ein ‚Ja', das ihnen eine positive Rolle innerhalb des Ganzen zuweist. An Karl Borromäus kann man auch sehen, worin die wesentliche Voraussetzung für eine derartige Erneuerung besteht. Karl konnte andere überzeugen, weil er selbst ein Überzeugter war. Er konnte mit seiner Gewißheit inmitten der Gegensätze seiner Zeit bestehen, weil er sie selbst lebte. Und er konnte sie leben, weil er im tiefsten Sinn des Wortes Christ war, das heißt, er war vollkommen auf Christus hin zentriert. Diese umfassende Beziehung zu Christus wiederzuerlangen ist das, was wirklich zählt. Von dieser umfassenden Beziehung zu Christus kann man niemanden durch bloßes Argumentieren überzeugen; man kann sie jedoch leben und sie dadurch für die anderen glaubhaft werden lassen, die anderen einladen, sie zu teilen."

Reformen Zeit, Geduld und Risikobereitschaft erfordern, aber es ist auch nicht erlaubt zu sagen: ‚Machen wir sie nicht, weil sie gefährlich sind.' Ich glaube vielmehr, daß die wahre Zeit des II. Vatikanums noch nicht gekommen ist, daß seine echte Rezeption noch nicht begonnen hat; seine Dokumente sind sofort begraben worden unter einem Wust von oberflächlichen oder einfach ungenauen Publikationen. Die Lektüre des *Buchstabens* der Dokumente wird uns ihren wahren Geist entdecken lassen können. Wenn sie so in ihrer Wahrheit wiederentdeckt sind, werden jene großen Dokumente uns ermöglichen, das zu verstehen, was geschehen ist, und mit neuer Kraft zu reagieren. Ich wiederhole: Der Katholik, der mit Klarheit und folglich mit Schmerz die Schäden sieht, die in seiner Kirche durch die Fehldeutungen des II. Vatikanums hervorgerufen worden sind, muß in eben jenem II. Vatikanum die Möglichkeit der Wiederbelebung finden. Das Konzil ist *Seines*, nicht derer, die auf einem Weg weitermachen wollen, dessen Ergebnisse katastrophal waren; es ist nicht das Konzil derer, die zufällig nichts mehr mit dem II. Vatikanum anzufangen wissen, auf das sie wie auf ein ‚Fossil aus der klerikalen Ära' blicken."

Es ist bemerkt worden, sage ich, daß das II. Vatikanum ein *Unicum* sei, wohl auch deshalb, weil es vielleicht das erste Konzil der Geschichte war, das nicht unter dem Druck dringender Probleme oder Krisen einberufen worden ist, sondern in einem Augenblick der (zumindest anscheinenden) Ruhe in bezug auf das kirchliche Leben. Die Krisen sind nachher eingetreten, und nicht nur innerhalb der Kirche, sondern in der gesamten Gesellschaft. Könnte man nicht sagen (um übrigens eine Ihrer vorherigen Andeutungen aufzugreifen), daß die Kirche in jedem Fall jene kulturellen Revolutionen hätte bewältigen müssen, daß aber ohne das Konzil ihre Struktur starrer und die Schäden möglicherweise gravierender gewesen wären? Hat ihre flexiblere und elastischere nachkonziliare Struktur nicht vielleicht besser den Aufprall abfangen können, auch wenn sie das in jedem Fall teuer bezahlt hat?

„Das ist unmöglich zu sagen – antwortet er –, die Geschichte, vor allem die Geschichte der Kirche, die Gott über geheimnisvolle Pfade führt, kann man nicht im Irrealis abhandeln. Wir müssen sie so nehmen, wie sie ist. In jenem Anfang der sechziger Jahre begann gerade die Nachkriegsgeneration sich in Szene zu setzen, die nicht direkt am Wiederaufbau beteiligt war, die eine bereits wiederaufgebaute Welt vorfand und folglich anderswo nach Motiven für das Engagement, für die Erneuerung suchte. Die allgemeine Atmosphäre war von Optimismus und von Vertrauen in den Fortschritt bestimmt. Außerdem teilten alle in der Kirche die Erwartung einer ruhigen Weiterentwicklung ihrer Lehre. Man darf nicht vergessen, daß auch mein Vorgänger im *Heiligen Offizium*, Kardinal Ottaviani, das Projekt eines Ökumenischen Konzils befürwortete. Nachdem Papst Johannes dessen Einberufung angekündigt hatte, arbeitete die römische Kurie zusammen mit den angesehensten Vertretern des Weltepiskopats an der Vorbereitung jener Schemata, die dann von den Konzilsvätern als zu theoretisch, zu lehrbuchhaft und zu wenig pastoral zurückgewiesen wurden. Papst Johannes hatte damit nicht gerechnet, sondern eine schnelle und reibungslose Abstimmung über diese Vorlagen erwartet, die er alle mit Zustimmung gelesen hatte. Es ist klar, daß keiner dieser Texte die Lehre verändern wollte; es war um deren Zusammenfassung, allenfalls auch um Klärung in bisher nicht eindeutig definierten Punkten und insofern um Weiterentwicklung gegangen. Auch die Ablehnung dieser Texte durch die Konzilsväter richtete sich nicht gegen die Lehre als solche, sondern gegen die ungenügende Weise ihrer Vermittlung und sicher auch gegen einige Festlegungen, die es bisher so nicht gegeben hatte und die man auch jetzt nicht für nötig hielt.

Sicher ist, daß das Konzil nicht den Verlauf nahm, den Johannes XXIII. erwartet hatte. (Man erinnere sich, daß Länder wie Holland, die Schweiz und die Vereinigten Staaten Hochburgen des Traditionalismus und der Treue zu Rom waren!) Man muß auch zugeben, daß – wenigstens bis jetzt – die Bitte von Papst Johannes aufs Ganze der Kirche hin gesehen nicht erhört worden ist, daß das Konzil für die Kirche ein Sprung nach vorn, ein erneuertes Leben und eine neue Einheit bedeuten möge."

Zeichen der Hoffnung

Aber, so frage ich unruhig, läßt Ihre negative Sicht der kirchlichen Realität in der Nachkonzilszeit keinen Raum für manches positive Element?

„Paradoxerweise – antwortet er – ist es zunächst einmal gerade auch das Negative, das sich ins Positive kehrt. Viele Katholiken haben in diesen Jahren die Erfahrung des Exodus gemacht, haben die Folgen des Konformismus mit den Ideologien erlebt, haben erprobt, was es bedeutet, für sich die Erlösung, die Freiheit, die Hoffnung von der Welt zu erwarten. Wie ein Leben ohne Gott, eine Welt ohne Glauben aussähe, hatte man bisher nur aus der Theorie gewußt. Nun ist die Wirklichkeit ansichtig geworden, und in ihrer eigenen Leere konnten wir den Reichtum des Glaubens, seine Unabdingbarkeit neu entdecken. Das ist für viele wie eine harte Läuterung gewesen, wie ein Gang durch das Feuer, der eine neue Tiefe des Glaubens eröffnet hat. Man darf nicht vergessen – fährt er fort –, daß jedes Konzil zunächst eine Reform der ‚Spitze' ist, die dann auf die Basis der Gläubigen übergehen muß. Das heißt, jedem Konzil muß, damit es wirklich Frucht bringt, eine Welle der Heiligkeit folgen. So ist es nach Trient geschehen, und gerade deshalb erreichte es sein Ziel wahrer Reform. Das Heil kommt für die Kirche aus ihrem Inneren, aber damit ist keineswegs gesagt, daß es aus den Dekreten der Hierarchie kommt. Ob das II. Vatikanum und seine Ergebnisse einmal als eine lichtvolle Periode der Kirchengeschichte werden gelten können, wird von allen Katholiken abhängen, die dazu gerufen sind, ihm Leben zu geben. Wie Johannes Paul II. bei seinem Gedenken an den heiligen Karl Borromäus in Mailand sagte: ‚Die Kirche von heute braucht keine neuen Reformer. Die Kirche braucht neue Heilige.'"

Sehen Sie folglich, beharre ich, keine anderen positiven Ergebnisse – abgesehen von jenen, die aus dem „Negativen" herrühren – in diesem Abschnitt der Kirchengeschichte?

„Natürlich sehe ich sie. Dabei lasse ich den Elan junger Kirchen wie etwa derjenigen in Südkorea oder die Vitalität verfolgter Kirchen hier beiseite, weil man sie wohl so wenig unmittelbar auf das Vatikanum zurückführen kann, so wenig man ihm die Krisenphänomene direkt anlasten darf. Was in der Breite der Gesamtkirche – gerade auch inmitten der Krise der Kirche in der westlichen Welt – hoffnungsvoll stimmt, ist das Aufbrechen neuer Bewegungen, die niemand geplant und die niemand gerufen hat, sondern die einfach aus der inneren Vitalität des Glaubens selbst kommen. In ihnen zeichnet sich – sehr leise wohl – doch so etwas wie eine pfingstliche Stunde in der Kirche ab. Ich denke etwa an die Charismatische Bewegung, an Neokatechumenat, Cursillo, Fokolare, Communione e Liberazione usw. Gewiß werfen alle diese Bewegungen auch manche Probleme auf, sie tragen auch in geringerem oder größerem Maß Gefahren in sich, aber das ist bei allem Lebendigem so. Ich begegne jetzt in zunehmendem Maß Gruppen junger Menschen, bei denen eine unverkrampfte Entscheidung für den ganzen Glauben der Kirche da ist, die ihn voll leben wollen und die einen großen missionarischen Elan in sich tragen. Bei aller Intensität des Gebetslebens ist da nichts von Flucht in die Innerlichkeit oder von Rückzug ins Private gegeben, sondern einfach die volle, ungeteilte Katholizität. Die Freude am Glauben, die man hier spürt, hat etwas Ansteckendes an sich. Und hier wachsen nun auch ganz von selbst neue Berufungen zum Priestertum und zum Ordensleben. Das Auffallende ist, daß all dies von keiner pastoralen Planungsbehörde ausgearbeitet wurde, sondern sich irgendwie von selbst einstellte. Das hat zur Folge, daß die Behörden – gerade wenn sie sehr fortschrittlich sein möchten – damit nichts Rechtes anfangen können; es paßt nicht in ihr Konzept. So entstehen Spannungen mit der Einfügung in die gegenwärtige Form der Institutionen, aber ganz und gar keine Spannungen mit der hierarchischen Kirche als solcher. Hier steigt eine neue Generation der Kirche herauf, auf die ich voller Hoffnung hinschaue. Ich finde es wunderbar, daß der Geist wieder einmal stärker ist als unsere Planungen und sich ganz anders zur Geltung bringt, als wir es uns vorgestellt hatten. In diesem Sinn ist die Erneuerung leise, aber wirksam im Gang. Alte Formen, die sich im Selbstwiderspruch und in der Lust der Negation festgefahren haben, werden abtreten und das Neue ist schon im Kommen.

Freilich, noch hat es im großen Gespräch der herrschenden Ideen kaum eine Stimme. Es wächst in der Stille heran. Unsere Aufgabe – die Aufgabe der Amtsträger in der Kirche und der Theologen – ist es, ihm die Tür offenzuhalten, den Raum vorzubereiten. Denn die gegenwärtig noch herrschenden Trends gehen allerdings in eine andere Richtung. Wenn man auf diese unmittelbare geistige ‚Großwetterlage' hinblickt, muß man nach wie vor von einer Krise des Glaubens und der Kirche sprechen. Nur wenn wir uns ihr unbefangen stellen, können wir sie auch überwinden."

Das Kirchenverständnis – eine Ursache der Glaubenskrise

Krise also. Aber wo befindet sich Ihrer Meinung nach die entscheidende Bruchstelle, der Riß, der sich ständig vergrößert und so die Stabilität des gesamten Gebäudes des katholischen Glaubens bedroht?

Für Kardinal Ratzinger gibt es keinen Zweifel: Die Warnung gilt vor allem der Krise des Kirchenverständnisses, der Ekklesiologie: „Hierin liegt die Ursache für einen guten Teil der Mißverständnisse beziehungsweise der tatsächlichen und eigentlichen Irrtümer, die sowohl die Theologie als auch das allgemeine katholische Bewußtsein gefährden." Er führt dazu aus: „Mein Eindruck ist, daß weithin die genuin katholische Bedeutung der Wirklichkeit ‚Kirche' stillschweigend verschwindet, ohne daß man sie ausdrücklich verwirft. Viele glauben nicht mehr, daß es sich um eine Wirklichkeit handelt, die vom Herrn selbst gewollt ist. Auch bei einigen Theologen erscheint die Kirche als ein menschliches Konstrukt, als ein Instrument, das von uns geschaffen ist und das somit wir selbst je nach den Erfordernissen des Augenblicks frei umorganisieren können. Das heißt, es macht sich vielfach im katholischen Denken und auch in der katholischen Theologie ein Kirchenverständnis breit, das man auch nicht protestantisch im ‚klassischen' Sinn nennen kann. Manche heute gängigen ekklesiologischen Ideen muß man eher dem Muster nordamerikanischer Freikirchen zuordnen, in die damals die Gläubigen flüchteten, um der repressiven Form ihrer von der Reformation hervorgebrachten ‚Staatskirche' zu entfliehen. Jene Flüchtlinge schufen, da sie nicht an eine von Christus gewollte institutionelle Kirche glaubten und zugleich der Staatskirche entgehen wollten, *ihre* Kirche, eine nach ihren Bedürfnissen strukturierte Organisation."

Wie sieht es dagegen für die Katholiken aus?

„Für einen Katholiken – erklärt er – setzt sich die Kirche zwar auch aus Menschen zusammen, die ihr äußeres Erscheinungsbild gestalten; aber hinter diesem sind die grundlegenden Strukturen von Gott selbst gewollt und somit unantastbar. Hinter dem *menschlichen* Äußeren steht das Mysterium einer *übermenschlichen* Wirklichkeit, in die einzugreifen Reformern, Soziologen und Organisatoren keinerlei Autorität zukommt. Wird die Kirche hingegen als ein menschliches Gebilde, als unser Machwerk angesehen, so werden letztlich auch die Inhalte des Glaubens beliebig: Dem Glauben fehlt dann in der Tat ein authentisches und verläßliches Ausdrucksmittel. Ohne eine auch *übernatürliche* und nicht bloß *soziologische* Sicht des Mysteriums der Kirche verliert auch gerade die Christologie ihren Bezug zum Göttlichen zugunsten einer rein menschlichen Struktur und kommt schließlich einem menschlichen Projekt gleich. Das Evangelium wird zum *Jesus-Projekt,* zum Projekt sozialer Befreiung oder zu anderen nur geschichtlichen, immanenten Projekten, die sich noch als religiös gebärden mögen, in der Substanz aber atheistisch sind."

Während des II. Vatikanums wurde – in den Wortmeldungen einiger Bischöfe, in den Reden ihrer theologischen Berater, aber auch in den verabschiedeten Dokumenten sehr der Begriff der Kirche als „Volk Gottes" betont, eine Auffassung, die dann in den nachkonziliaren Ekklesiologien dominierend wurde.

„Das stimmt, es gab und es gibt diese Akzentsetzung, die sich jedoch in den Konzilstexten mit anderen, die sie ergänzen, die Waage hält; ein Gleichgewicht, das bei vielen Theologen verlorengegangen ist. Anders aber als diese denken, riskiert man auf diese Weise, daß man zurückgeht anstatt vorwärts. Es besteht hier sogar die Gefahr, daß man das Neue Testament verläßt, um ins Alte zurückzukehren. Die Bibel meint mit ‚Volk Gottes' in der Tat das Volk Israel in seiner Gebetsbeziehung und Treue zum Herrn. Aber sich *allein* auf diesen Ausdruck zu beschränken, um die Kirche zu definieren, bedeutet, ihr neutestamentliches Verständnis nicht in seiner Ganzheit aufzuzeigen. Hier verweist ‚Volk Gottes' in der Tat immer auf das alttestamentliche Element der Kirche, auf ihre Kontinuität zu Israel. Aber ihr neutestamentliches Merkmal erhält die Kirche deutlicher in dem Begriff ‚*Leib Christi*'. Man ist nicht Kirche und man wird nicht ihr Mitglied durch die soziologische Zugehörigkeit, sondern eben durch die Eingliederung in diesen Leib des Herrn durch die Taufe und die Eucharistie. Hinter dem heute so ausschließlich in den Vordergrund gestellten Kirchenbegriff ‚Volk Gottes' verbergen sich wiederum Einflüsse von Ekklesiologien, die *de facto* zum Alten Testament zurückkehren; und vielleicht auch politische, parteiliche und kollektivistische Einflüsse. In Wirklichkeit gibt es keinen wirklich neutestamentlichen, katholischen Kirchenbegriff ohne direkten und vitalen Bezug nicht nur zur Soziologie, sondern zuerst zur Christologie. Die Kirche erschöpft sich nicht im ‚Kollektiv' der Gläubigen: Indem sie ‚Leib Christi' ist, ist sie weitaus mehr als die Summe ihrer Glieder."

Für den Präfekten wird die schwierige Lage durch die Tatsache verschärft, daß es nicht möglich scheint, in einem so vitalen Punkt wie der Ekklesiologie über den Weg von Verlautbarungen eine Klärung herbeizuführen. Obwohl es auch an diesen nicht gefehlt hat, wäre seiner Ansicht nach eine Arbeit notwendig, die in die Tiefe geht: „Es ist nötig, wieder ein echt *katholisches* Klima zu schaffen, den Sinn der Kirche als Kirche des Herrn, als Raum der realen Gegenwart Gottes in der Welt wiederzufinden. Jenes Mysterium, von dem das II. Vatikanum spricht, wenn es jene in erschreckender Weise herausfordernden und doch der gesamten katholischen Tradition entsprechenden Worte schreibt: ‚Die Kirche, *das heißt das im Mysterium schon gegenwärtige Reich Christi*' (Lumen gentium, Art. 3)."

Die Kirche Jesu Christi, nicht der Menschen

Zur Bestätigung des „qualitativen" Unterschieds der Kirche gegenüber jeder menschlichen Organisation fügt er hinzu: „In dieser Welt überschreitet nur die Kirche die für den Menschen schlechthin unüberwindbare Grenze: die Grenze des Todes. Ob sie lebendig oder tot sind, die Glieder der Kirche leben in Verbindung mit jenem Leben, das aus dem Hineingenommensein aller in den Leib Christi herrührt."

Es handelt sich um die Wirklichkeit, bemerke ich, die die katholische Theologie immer *communio sanctorum*, die Gemeinschaft der „Heiligen", genannt hat; wobei die „Heiligen" alle Getauften sind.

„Gewiß – sagt er –, aber man darf nicht vergessen, daß der lateinische Ausdruck nicht nur die Verbundenheit der – lebenden oder verstorbenen – Glieder der Kirche bedeutet. *Communio sanctorum* bedeutet auch, die ‚heiligen Dinge' gemeinsam haben, das heißt die Gnade der Sakramente, die aus dem gestorbenen und auferstandenen Christus hervorgehen. Gerade dieses geheimnisvolle und doch reale Band, diese Verbundenheit im Leben, ist auch der Grund dafür, daß die Kirche nicht *unsere* Kirche ist, über die wir nach Belieben verfügen können; sie ist vielmehr

Seine Kirche. All das, was nur *unsere* Kirche ist, ist nicht im tiefen Sinn Kirche, es gehört zu ihrem menschlichen und folglich nebensächlichen, vergänglichen Aspekt."

Hat das Vergessen oder das Verleugnen dieses katholischen Kirchenbegriffs, so frage ich, nicht auch Auswirkungen auf die Beziehungen zur kirchlichen Hierarchie?

„Gewiß, und sogar mit die gravierendsten. Hier liegt die Ursache für den Verfall des ursprünglichen Verständnisses von ‚Gehorsam', der nach der Meinung einiger nicht einmal mehr eine christliche Tugend ist, sondern Erbe einer autoritären, dogmatischen und folglich zu überwindenden Vergangenheit. Wenn die Kirche in der Tat *unsere* Kirche ist, wenn die Kirche *nur wir* sind, wenn ihre Strukturen nicht die von Christus gewollten sind, dann versteht man auch nicht mehr die Existenz einer vom Herrn selbst eingesetzten Hierarchie als Dienst an den Gläubigen. Man lehnt die Vorstellung einer von Gott gewollten Autorität ab, einer Autorität also, die ihre Legitimierung in Gott hat und nicht – wie es in den politischen Strukturen geschieht – im Konsens der Mehrheit der Mitglieder einer Organisation. Aber die Kirche Christi ist keine Partei, keine Vereinigung, kein Club; ihre tiefe und unaufhebbare Struktur ist nicht *demokratisch,* sondern *sakramental,* folglich *hierarchisch;* denn die auf der apostolischen Sukzession gegründete Hierarchie ist unabdingbare Bedingung, um zur Kraft, zur Wirklichkeit des Sakramentes zu gelangen. Die Autorität hier gründet sich nicht auf Mehrheitsvoten; sie gründet sich auf die Autorität Christi selbst, der sie Menschen weitergeben wollte, die seine Repräsentanten sein sollten bis zu seiner endgültigen Wiederkunft. Nur wenn man diese Sicht wiedererlangt, wird es möglich sein, die Notwendigkeit und die Fruchtbarkeit des Gehorsams gegenüber der legitimen kirchlichen Hierarchie erneut zu entdecken."

Und doch gibt es, sage ich, neben dem traditionellen Ausdruck *communio sanctorum* (in jener umfassenden Bedeutung) auch einen anderen lateinischen Satz, der unter den Katholiken immer Gültigkeit hatte: *Ecclesia semper reformanda,* die Kirche bedarf immer der Reform. Das Konzil hat diesbezüglich klar geäußert: „Obwohl die Kirche in der Kraft des Heiligen Geistes die treue Braut des Herrn geblieben ist und niemals aufgehört hat, das Zeichen des Heils in der Welt zu sein, so weiß sie doch klar, daß unter ihren Gliedern, ob Klerikern oder Laien, im Lauf so vieler Jahrhunderte immer auch Untreue gegen den Geist Gottes sich fand. Auch in unserer Zeit weiß die Kirche, wie groß der Abstand ist zwischen der von ihr verkündeten Botschaft und der menschlichen Armseligkeit derer, denen das Evangelium anvertraut ist. Wie immer auch die Geschichte über all dies Versagen urteilen mag, wir selber dürfen dieses Versagen nicht vergessen, sondern müssen es unerbittlich bekämpfen, damit es der Verbreitung des Evangeliums nicht schade" (*Gaudium et spes,* Art. 43). Wenn wir das Mysterium anerkennen, so sind wir doch auch aufgerufen, uns zu bemühen, die Kirche zu verändern?

„Gewiß – erwidert er –, in ihren menschlichen Strukturen ist die Kirche *semper reformanda*. Man muß sich jedoch in der Frage klar werden, wie und bis zu welchem Punkt. Der zitierte Text des II. Vatikanums gibt uns bereits einen deutlichen Hinweis, indem er von der ‚Treue der Braut Christi' spricht, die durch die Treulosigkeiten ihrer Glieder nicht in Frage gestellt ist. Um das noch deutlicher zu machen, greife ich die lateinische Formel auf, die die römische Liturgie in jeder Messe zum ‚Friedensgruß' vor der Kommunion dem Zelebranten in den Mund legte. Jenes Gebet lautet: ‚*Domine Jesu Christe* (...) *ne respicias pecca-*

ta mea, *sed fidem Ecclesiae* tuae'; das heißt: ‚Herr Jesus Christus, schaue nicht auf *meine* Sünden, sondern auf den Glauben *deiner* Kirche.' Bei der Neufassung des Missale ist – mit durchaus einsichtigen Gründen – diese Ich-Formel zu einer Wir-Formel verändert worden: ‚Sieh nicht auf *unsere* Sünden.' Ich möchte hier nicht Wert oder Unwert einer solchen Veränderung diskutieren, wohl aber auf ein Problem hinweisen, das dabei zum Vorschein kommt."

Warum soll man dem Übergang vom Ich zum Wir ein so großes Gewicht beimessen?

„Weil es – so erklärt er – einen wohlbedachten Sinn hatte, daß die Bitte um Vergebung in der ersten Person ausgesprochen wurde: Darin liegt ein Hinweis auf jene Notwendigkeit des *persönlichen* Eingeständnisses der eigenen Schuld, auf jene Unerläßlichkeit der *persönlichen* Bekehrung, die heute hingegen oft hinter der anonymen Masse des ‚Wir', der Gruppe, des ‚Systems', der Menschheit verschwindet, wo alle sündigen und folglich am Ende keiner gesündigt zu haben scheint. Auf diese Weise löst sich der Sinn für die Verantwortlichkeit, für die Schuld jedes einzelnen auf. Natürlich kann man die Neufassung des Textes auch richtig verstehen, weil in der Sünde immer das Ich und das Wir ineinandergreifen. Wesentlich ist, daß bei der neuen Betonung des Wir das Ich nicht verschwindet."

Dieser Punkt, so bemerke ich, ist wichtig, und es wird sich lohnen, später darauf zurückzukommen; aber kehren wir für jetzt dorthin zurück, wo wir stehengeblieben waren: zum Zusammenhang zwischen dem Axiom *Ecclesia semper reformanda* und der Anrufung Christi um persönliche Vergebung.

„Einverstanden, kehren wir zu jenem Gebet zurück, das die Weisheit der Liturgie in einem bedeutsamen Moment der Messe einfügte, im Augenblick des physischen, innerlichen Einswerdens mit dem Christus, der sich zu Brot und Wein gemacht hat. Die Kirche ging davon aus, daß jeder, der die Messe zelebrierte, es nötig hätte zu sagen: ‚*Ich* habe gesündigt; Herr, schaue nicht auf *meine* Sünden.' Es war die obligatorische Anrufung jedes Priesters: Die Bischöfe, selbst der Papst mußten sie in ihrer täglichen Messe gleichermaßen aussprechen wie jeder Priester. Und auch die Laien, all die anderen Glieder der Kirche, waren aufgerufen, sich jener Anerkennung der Schuld anzuschließen. Folglich mußten sich ausnahmslos *alle* in der Kirche als Sünder bekennen, die Vergebung erbitten, sich also auf den Weg ihrer wahren Reform begeben. Aber dies bedeutete keineswegs, daß auch die Kirche als solche Sünderin wäre. Die Kirche – das haben wir gesehen – ist eine Wirklichkeit, die auf geheimnisvolle und zugleich unendliche Weise die Summe ihrer Glieder übersteigt. In der Tat stellte man, um die Vergebung Christi zu erlangen, *meiner Sünde* den *Glauben seiner Kirche* gegenüber."

Und heute?

„Heute scheint dies von vielen Theologen, Geistlichen und Laien vergessen. Es geht gar nicht so sehr um die Umkehrung vom Ich zum Wir, von der persönlichen Verantwortung zur Betonung des kollektiven Elements. Der Gegensatz wird von uns heute spontan eher umgekehrt verstanden; man möchte sagen: ‚Schaue nicht auf die *Sünden der Kirche,* sondern auf *meinen Glauben*' ... Wenn dies wirklich geschieht, sind die Konsequenzen schwerwiegend: Aus den Sünden der einzelnen werden die Sünden der Kirche, und der Glaube ist auf ein persönliches Geschehen reduziert, auf meine Weise, Gott und seine Forderungen zu verstehen und zu bejahen. Ich fürchte wirklich, daß dies heute eine weitverbreitete Art zu fühlen und zu denken ist: Es ist ein weiteres Zeichen, wie sehr sich vielerorts das katholische Allgemeinbewußtsein von einem authentischen Kirchenverständnis entfernt hat."

Was also tun?

„Wir müssen – antwortet er – wieder zum Herrn sagen: ‚Wir sündigen, aber nicht die Kirche sündigt, die Dein ist und die Trägerin von Glauben ist.' Der Glaube ist die Antwort der Kirche auf Christus; sie ist Kirche in dem Maß, in dem sie Akt des Glaubens ist. Dieser Glaube ist nicht ein individueller, einsamer Akt, eine Antwort des einzelnen. Glaube bedeutet, *gemeinsam* glauben, mit der ganzen Kirche."

Worauf können sich dann jene „Reformen" beziehen, die wir doch immer in unsere Gemeinschaft von Glaubenden, die in der Geschichte leben, einbringen sollen?

„Wir müssen dabei immer gegenwärtig haben, daß die Kirche nicht die unsere ist, sondern die Seine. Folglich können sich die ‚Reformen', die ‚Erneuerungen' – so nötig sie auch sind – nicht in unserem eifrigen Bemühen um neue, verfeinerte Strukturen erschöpfen. Alles, was bei einer solchen Mühe herauskommen kann, ist eine Kirche ‚von uns', nach unserem Maß, die zwar interessant sein kann, aber deshalb nicht schon von sich aus die wahre Kirche ist, jene, die den Glauben trägt und uns das Leben im Sakrament gibt. Ich möchte sagen, daß das, was wir machen können, unendlich geringer ist als Der, um den allein es letztlich geht. Folglich bedeutet wahre ‚Reform' nicht so sehr, uns abzumühen, um neue Fassaden zu errichten, sondern (im Gegensatz zu dem, was manche Ekklesiologen denken) wahre ‚Reform' ist dort, wo wir uns bemühen, das Unsere soweit wie möglich verschwinden zu lassen, damit das Seine, das Christus Gehörende besser sichtbar wird. Da in der Kirche unvermeidlich immer wieder sehr viel Unsriges entsteht, folgen daraus für jede Generation große Aufgaben wahrer Reform. Wegweiser müssen dabei die Heiligen sein, die die Kirche reformierten, nicht indem sie Pläne für neue Strukturen erarbeiteten, sondern indem sie sich selbst reformierten. Was die Kirche braucht, um in jedem Zeitalter auf die Bedürfnisse des Menschen zu antworten, ist Heiligkeit und nicht Management."

Priester und Bischöfe

Wenn das Kirchenverständnis selbst in Krise ist, inwieweit und warum befinden sich die *„Männer der Kirche"* in einer Krise?

Wir werden dem Bischofsamt anschließend eine eigene Erörterung vorbehalten, die unmittelbar folgen wird –, wo sieht Ratzinger die Wurzeln für das Mißbehagen im Klerus, das innerhalb weniger Jahre die Seminare, Klöster und Presbyterien leer werden ließ? Kürzlich, in einer nicht offiziellen Wortmeldung, hat er die These eines berühmten Theologen zitiert, nach der „die Krise der Kirche von heute vor allem eine Krise der Priester und der religiösen Orden sei".

„Es ist ein hartes Urteil – bestätigt er –, ein ziemlich herbes *j'accuse*, aber es kann sein, daß es etwas Wahres erfaßt. Unter dem Ansturm der Nachkonzilszeit haben die großen Orden (und das heißt gerade die traditionellen Säulen der ständig notwendigen kirchlichen Reform) gewankt, sie haben arge Blutverluste hinnehmen müssen, sie haben so wenige Neueintritte wie nie zuvor erlebt, und heute scheinen sie noch immer von einer Identitätskrise geschüttelt zu sein."

Für ihn sind es gerade „oft die traditionell ‚gebildetsten' und intellektuell am besten ausgestatteten Orden gewesen, die die schwerste Krise erlitten haben". Und er sieht dafür einen Grund: „Wer eine bestimmte zeitgenössische Theologie ausgiebig praktiziert hat und praktiziert, lebt deren Auswirkungen bis ins letzte, wie etwa den fast vollständigen Verlust der gewohnten Sicherheiten für den Priester, für den Ordensangehörigen."

Daneben nennt der Präfekt noch einen weiteren Grund für die Krise: „Gerade der Stand des Priesters ist außergewöhnlich und für die heutige Gesellschaft fremd. Eine Funktion, eine Rolle, die nicht auf der Zustimmung der Mehrheit, sondern auf der Vergegenwärtigung eines *Anderen* gründet, der einen Menschen an seiner Autorität teilhaben läßt, erscheint als unverständlich. Unter diesen Bedingungen ist die Versuchung groß, von jener übernatürlichen ‚Autorität der Vergegenwärtigung', die das katholische Priestertum kennzeichnet, zu einem viel natürlicheren ‚Dienst der Koordination des Konsenses', das heißt zu einer verständlichen, weil nur menschlichen und obendrein der heutigen Kultur entsprechenden Kategorie überzugehen."

Folglich sei seiner Ansicht nach, wenn ich richtig verstanden habe, das Priestertum einem kulturellen Druck ausgesetzt, damit es von einer „sakralen" zu einer „sozialen" Rolle übergehe, in einer Linie mit den „demokratischen" Mechanismen der Konsensbildung von unten, die die „säkulare, demokratische, pluralistische" Gesellschaft prägen. „Es handelt sich sozusagen um eine Versuchung – antwortet er –, vom Mysterium der auf Christus gegründeten hierarchischen Struktur in die Plausibilität der menschlichen Organisation zu entfliehen."

Um seinen Standpunkt zu verdeutlichen, greift er ein ganz aktuelles Beispiel auf, das Sakrament der Versöhnung, die Beichte: „Es gibt Priester, die dazu neigen, es fast ganz in ein ‚Gespräch' umzuwandeln, in eine Art therapeutische Selbstanalyse zwischen zwei auf der gleichen Ebene stehenden Personen. Dies erscheint viel menschlicher, persönlicher und dem heutigen Menschen angemessener. Aber diese Art der Beichte birgt die Gefahr in sich, nicht mehr viel mit der katholischen Auffassung des Sakramentes zu tun zu haben, wo nicht so sehr die Leistungen, die Geschicklichkeit dessen zählen, der mit dem Dienst betraut ist. Es ist vielmehr nötig, daß der Priester es annimmt, daß er in den Hintergrund tritt und so Christus Raum läßt, der allein die Sünde nachlassen kann. Auch hier ist es also notwendig, zum ursprünglichen Verständnis des Sakramentes zurückzukehren, wo Menschen dem Mysterium begegnen. Es ist nötig, wieder ganz neu den Sinn des Skandals zu entdecken, aufgrund dessen ein Mensch zu einem anderen Menschen sagen kann: ‚Ich spreche dich von deinen Sünden los.' In jenem Augenblick – wie übrigens bei der Feier jedes anderen Sakramentes – bezieht der Priester seine Autorität gewiß nicht aus der Zustimmung der Menschen, sondern direkt von Christus. Das ‚Ich', das sagt: ‚Ich spreche dich los', ist nicht das einer Kreatur, sondern es ist direkt das ‚Ich' des Herrn."

Und doch scheinen, sage ich, die vielfältigen Kritiken an der „alten" Beichtpraxis nicht ganz unbegründet zu sein. Er erwidert sofort: „Ich fühle immer mehr ein Unbehagen, wenn ich höre, wie leichtfertig man die früher verbreitete Art, sich dem Beichtstuhl zu nähern, als ‚schematisch', ‚äußerlich' und ‚anonym' bezeichnet. Und für mich klingt das Selbstlob einiger Priester wegen ihrer ‚Beichtgespräche', die selten geworden sind, aber, wie sie sagen, ‚zum Ausgleich viel persönlicher', ein wenig bitter. Wenn man es richtig betrachtet, war hinter dem ‚Schema' gewisser Beichten auch der Ernst der Begegnung zwischen zwei Personen, die sich bewußt waren, vor dem erschütternden Mysterium der Vergebung Christi zu stehen, das sich durch die Worte und den Gestus eines sündigen Menschen darbietet. Man darf nicht vergessen, daß sich in viele ‚Beichtgespräche', die auch ziemlich analytisch geworden sind, menschlicherweise eine Selbstgefälligkeit, eine Selbstabsolution einschleicht, die – im Schwall der Erklärungen – kaum noch Raum läßt für das Empfinden der persönlichen Sünde, für die wir über alle mildernden Umstände hinaus immer verantwortlich sind. Mit alledem will ich nicht sagen, daß es nicht auch sinnvolle Reform der äußeren Gestalten der Beichte geben könnte. Die Geschichte zeigt hier eine solche Breite der Entwicklungen auf, daß es absurd wäre, von jetzt an für immer eine einzige Gestalt kanonisieren zu wollen. Manche Menschen finden heute keinen Zugang zum herkömmlichen Beichtstuhl mehr, während ihnen das Beichtgespräch wirklich eine Tür auftut. So möchte ich die Bedeutung dieser neuen Möglichkeiten und den Segen, den sie für viele sein können, keineswegs unterschätzen. Nur ist dies nicht die Hauptsache. Das Entscheidende liegt tiefer, und darauf wollte ich hinweisen."

Um auf das zurückzukommen, worin für ihn die Wurzeln der Krise des Priesters liegen, spricht er vom „Druck, der heute jeden Augenblick auf einem Priester lastet, der sehr oft genötigt ist, gegen den Strom zu schwimmen. Ein solcher Mensch kann schließlich müde werden, sich mit seinen Worten und noch mehr mit seinem Lebensstil den so vernünftig erscheinenden Selbstverständlichkeiten, die unsere Kultur kennzeichnen, entgegenzusetzen. Der Priester – das heißt derjenige, durch den die Kraft des Herrn hindurchgeht – ist immer versucht gewesen, sich an das Große zu gewöhnen und es zur Routine werden zu lassen. Heute könnte er die Größe des Heiligen als eine Last empfinden und sich (wenn auch unbewußt) nach einer Befreiung davon sehnen, indem er das Mysterium auf seine menschliche Gestalt herabsetzt, anstatt sich mit Demut und mit Vertrauen hinzugeben, um sich auf jene Höhe erheben zu lassen".

Kommen wir nun von den „einfachen" Priestern zu den Bischöfen, das heißt zu denen, die als „Nachfolger der Apostel" die „Fülle des Weihesakramentes" innehaben, die „authentische Lehrer" der christlichen Lehre sind, denen „in den ihnen anvertrauten Diözesen ordentliche, eigenständige und unmittelbare Gewalt" zusteht, deren „Prinzip und Fundament der Einheit" sie sind, und die, vereint im Bischofskollegium mit ihrem Haupt, dem Papst, „in der Person Christi handeln", um die universale Kirche zu leiten. Alle Definitionen, die wir gegeben haben, stammen aus der katholischen Lehre über den Episkopat und sind vom II. Vatikanum bekräftigt worden.

Das Konzil, erinnert Ratzinger, „wollte eben die Rolle und die Verantwortung des Bischofs stärken, indem es das Werk des I. Vatikanums wieder aufnahm und vervollständigte, das durch die Eroberung Roms unterbrochen wurde, nachdem es sich nur mit dem Papst beschäftigen konnte. Diesem letzteren hatten die Konzilsväter die Unfehlbarkeit im Lehramt bestätigt, wenn er als oberster Hirte und Lehrer eine Glaubens- oder Sittenlehre für verbindlich erklärt".

So war bei manchem Theologen ein gewisses Ungleichgewicht entstanden, sobald nicht genügend betont wurde, daß auch das Bischofskollegium dieselbe „Unfehlbarkeit im Lehramt" genießt, vorausgesetzt, daß die Bischöfe „das Band der *Communio* untereinander und mit dem Nachfolger Petri bewahren". Ist also mit dem II. Vatikanum alles wieder in Ordnung?

„In den Dokumenten ja, aber nicht in der Praxis, wo sich noch eine weitere jener paradoxen Folgen der Nachkonzilszeit gezeigt hat", antwortet er. „Die entschiedene

Neubetonung der Rolle des Bischofs ist in Wirklichkeit verhallt, oder sie droht durch die Einbindung der Bischöfe in immer straffer durchorganisierte Bischofskonferenzen mit ihren oft schwerfälligen bürokratischen Strukturen geradezu erstickt zu werden. Wir dürfen nicht vergessen, daß die Bischofskonferenzen keine theologische Grundlage haben, sie gehören nicht zur unaufgebbaren Struktur der Kirche, so wie sie von Christus gewollt ist: Sie haben nur eine praktische, konkrete Funktion."

Dies, so sagt er, bestätigt auch der neue Codex des kanonischen Rechtes, der den Umfang der Autorität der Konferenzen festlegt, die nicht „im Namen aller Bischöfe handeln (können), wenn nicht alle Bischöfe einzeln ihre Zustimmung gegeben haben", außer es handelt sich um Materien, „in denen das allgemeine Recht es vorschreibt oder eine besondere Anordnung dies bestimmt, die der Apostolische Stuhl (...) selbst erlassen hat" (CIC Can. 455). Das Kollektiv ersetzt folglich nicht die Person des Bischofs, der – so erinnert der Codex in Bestätigung des Konzils – „der authentische Künder und Lehrer des Glaubens für den seiner Sorge anvertrauten Gläubigen" ist (vgl. CIC Can. 753). Ratzinger bestätigt: „Keine Bischofskonferenz hat als solche eine lehramtliche Funktion. Entsprechende Dokumente verdanken ihr Gewicht allein der Zustimmung, die ihnen von den einzelnen Bischöfen gegeben wird."

Warum beharrt der Präfekt auf diesem Punkt? „Weil es darum geht – so antwortet er –, gerade das Wesen der katholischen Kirche, die auf einer episkopalen Struktur und nicht auf einer Art Föderation von Nationalkirchen basiert, zu bewahren. Die nationale Ebene ist keine kirchliche Größe. Es müßte von neuem klar werden, daß es in jeder Diözese nur einen Hirten und Lehrer des Glaubens gibt in Gemeinschaft mit den anderen Hirten und Lehrern und mit dem Stellvertreter Christi. Die katholische Kirche basiert auf dem Gleichgewicht zwischen der *Ge-*

meinschaft und der *Person*, in diesem Fall zwischen der *Gemeinschaft* der einzelnen in der universalen Kirche vereinten Ortskirchen und der *Person* des Verantwortlichen der Diözese."

Es kommt vor, sagt er, daß „bei einigen Bischöfen ein gewisser Mangel an Sinn für die individuelle Verantwortung und die Delegierung ihrer unveräußerlichen Befugnisse als Hirten und Lehrer an die Strukturen der lokalen Konferenz dazu führt, das ins Anonymat abgleiten zu lassen, was hingegen sehr personal bleiben muß. Die Gruppe der in den Konferenzen vereinten Bischöfe sind in ihren Entscheidungen von anderen Gruppen, von eigens dazu eingerichteten Dienststellen abhängig, die Vorlagen erarbeiten. Es geschieht dann, daß die Suche nach Ausgleich zwischen den verschiedenen Tendenzen und das Bemühen um Vermittlung oft verflachten Dokumenten Raum geben, in denen entschiedene Positionen (wo sie notwendig wären) abgeschwächt sind".

Er erinnert daran, daß es in seinem Land schon in den dreißiger Jahren eine Bischofskonferenz gegeben hat: „Soweit gut, aber die wirklich kraftvollen Dokumente gegen den Nationalsozialismus waren jene, die von einzelnen mutigen Bischöfen stammten. Die Schriftstücke von der Konferenz erschienen hingegen oft ziemlich blaß und zu schwach im Verhältnis zu dem, was die Tragödie verlangt hätte."

Die Aufgabe des Bischofs

„Es gibt ein klares soziologisches Gesetz, welches – ob man es will oder nicht – die Arbeitsweise der nur scheinbar ‚demokratischen' Gruppen leitet. Gerade jenes Gesetz hat (wie jemand vermerkt hat) auch im Konzil gewirkt. Man hat einige Sitzungen während der zweiten Session 1963 untersucht: An den Versammlungen in der

Aula nahmen durchschnittlich 2135 Bischöfe teil. Von diesen griffen nur etwas mehr als 200, also 10 Prozent aktiv durch Wortmeldungen in die Debatte ein; die anderen 90 Prozent sprachen nie und beschränkten sich darauf, zuzuhören und abzustimmen.

Im übrigen versteht es sich doch eigentlich von selbst, daß Wahrheit nicht durch Abstimmungen geschaffen werden kann. Eine Aussage ist entweder wahr oder sie ist nicht wahr. Die Wahrheit kann man nur finden, nicht schaffen. Von dieser Grundregel weicht auch – entgegen einer verbreiteten Vorstellung – das klassische Verfahren Ökumenischer Konzilien nicht ab. Denn auf ihnen galt immer, daß nur verbindliche Aussage werden kann, was mit moralischer Einstimmigkeit angenommen ist. Das bedeutet nun nicht, daß man mit einstimmig erzielten Ergebnissen sozusagen Wahrheit produzieren könnte. Die Vorstellung, die sich darin ausdrückte, war vielmehr, daß Einstimmigkeit so vieler Bischöfe unterschiedlicher Herkünfte, unterschiedlicher Bildungsformen und unterschiedlicher Temperamente ein Zeichen dafür sei, daß sie hier von dem sprechen, was sie nicht selbst *er*funden, sondern nur *ge*funden haben. Die moralische Einstimmigkeit hat nach der klassischen Konzilsidee nicht den Charakter einer Abstimmung, sondern den Charakter eines Zeugnisses.

Wenn man sich dies klarmacht, braucht man nicht mehr zu begründen, warum eine Bischofskonferenz, die ja einen sehr viel beschränkteren Kreis vertritt als ein Konzil, nicht über Wahrheit abstimmen kann. Im übrigen möchte ich hier auch noch auf einen psychologischen Sachverhalt verweisen. Wir katholischen Priester meiner Generation sind daran gewöhnt, die Gegensätze zwischen Mitbrüdern zu vermeiden und immer das Einvernehmen zu suchen und uns nicht so sehr durch exzentrische Standpunkte hervorzutun. So bringt in vielen Bischofskonferenzen der Gruppengeist und vielleicht auch der

Wunsch nach einem ruhigen Leben oder der Konformismus die Mehrheit dazu, die Positionen von aktiven, zu klaren Zielen entschlossenen Minderheiten zu akzeptieren."

Er fährt fort: „Ich kenne Bischöfe, die unter vier Augen zugeben, daß sie anders entschieden hätten als in der Konferenz, wenn sie allein hätten entscheiden müssen. Indem sie das Gruppengesetz akzeptierten, haben sie die Mühe gescheut als ‚Spielverderber', als ‚rückständig' und ‚wenig aufgeschlossen' angesehen zu werden. Es scheint recht angenehm, immer *gemeinsam* entscheiden zu können. Auf diese Weise besteht jedoch die Gefahr, daß das ‚Skandalon' und die ‚Torheit' des Evangeliums verlorengehen, jenes ‚Salz' und jener ‚Sauerteig', was heute angesichts der Schwere der Krise weniger denn je für einen Christen entbehrlich ist (vor allem wenn er Bischof und folglich mit klaren Verantwortungen für die Gläubigen betraut ist)."

Die jüngste Zeit scheint jedoch auf eine Tendenzwende gegenüber der ersten Nachkonzilsphase hinzudeuten. Zum Beispiel hat sich die Vollversammlung des französischen Episkopats von 1984 (es ist bekannt, daß dieses Land oft interessante und für den übrigen Katholizismus repräsentative Tendenzen zum Vorschein bringt) auf das Thema der *recentrage,* der „Rückzentrierung" festgelegt. Rückkehr zu dem von Rom gebildeten Zentrum; aber auch Rückkehr zu jenem unaufgebbaren Zentrum, das die Diözese ist, die Teilkirche, ihr Bischof.

Dies ist, wie wir gehört haben, eine Bestrebung, die von der Glaubenskongregation unterstützt wird, und zwar nicht nur theoretisch. Im März 1984 hat sich der Führungsstab der Kongregation nach Bogotà zur Versammlung der Glaubenskommissionen des lateinamerikanischen Episkopats begeben. Von Rom aus hat man darauf bestanden, daß an dem Treffen die Bischöfe persönlich teilnehmen und nicht nur ihre Vertreter, „so daß die eigene Verantwortung jedes einzelnen Bischofs unterstrichen wurde, der, um die Worte des Codex zu gebrauchen, der ‚Leiter des gesamten Dienstes am Wort Gottes' ist, dem es obliegt, das Evangelium in der ihm anvertrauten Teilkirche zu verkündigen (vgl. CIC Can. 756 § 2). Diese Lehrverantwortung kann nicht delegiert werden. Demgegenüber gibt es Stimmen, die bereits die Tatsache, daß der Bischof seine Hirtenbriefe persönlich schreibt, für unerträglich halten!"

In einem von ihm unterzeichneten Dokument erinnerte Kardinal Ratzinger die Brüder im Bischofsamt an die ernsthafte und leidenschaftliche Ermahnung des Apostels Paulus: „Ich beschwöre dich bei Gott und bei Christus Jesus, dem kommenden Richter der Lebenden und der Toten, bei seinem Erscheinen und bei seinem Reich: Verkünde das Wort, tritt dafür ein, ob man es hören will oder nicht; weise zurecht, tadle, ermahne, in unermüdlicher und geduldiger Belehrung. Denn es wird eine Zeit kommen, in der man die gesunde Lehre nicht erträgt, sondern sich nach eigenen Wünschen immer neue Lehrer sucht, die den Ohren schmeicheln; und man wird der Wahrheit nicht mehr Gehör schenken, sondern sich Fabeleien zuwenden. Du aber sei in allem nüchtern, ertrage das Leiden, verkünde das Evangelium, erfülle treu deinen Dienst!" (2 Tim 4,1-5).

Ein beunruhigender Text, bemerke ich, der in jede Zeit paßt, der aber dem Präfekten vielleicht besonders auf diese unsere Jahre zuzutreffen scheint. Auf jeden Fall kommt darin die Identität des Bischofs nach der Schrift zum Ausdruck, so wie Ratzinger sie erneut vorschlägt.

Nach welchem Kriterium, frage ich ihn, hat man sich in den vergangenen Jahren gerichtet und richtet man sich in Rom heute bei der Bestimmung der Kandidaten für die Bischofsweihe? Verläßt man sich immer noch auf die Hinweise der Apostolischen Nuntien beziehungsweise der „Gesandten des Papstes“ (wie sie offiziell heißen), die der Heilige Stuhl in jedem Land hat?

„Ja – sagt er –, diese Aufgabe ist vom neuen Codex bestätigt: ‚Zur Aufgabe eines päpstlichen Gesandten gehört es (...), für die Ernennung von Bischöfen dem Apostolischen Stuhl Namen von Kandidaten zu übermitteln oder vorzuschlagen sowie den Informationsprozeß über die in Aussicht Genommenen (...) durchzuführen‘ (CIC Can. 364,4). Das ist ein System, das, wie alles Menschliche, auch einige Probleme aufwirft, aber ich wüßte nicht, wie es zu ersetzen wäre. Es gibt Länder, deren Größe es dem Legaten unmöglich macht, alle Kandidaten direkt zu kennen. Es können daher Bischofskollegien zustande kommen, die nicht homogen sind. Verstehen wir uns recht, es will sicher niemand eine monotone, folglich langweilige Harmonie; unterschiedliche Elemente sind nützlich, aber es ist notwendig, daß sich in den grundlegenden Dingen alle einig sind. Das Problem ist, daß in den Jahren unmittelbar nach dem Konzil für eine gewisse Zeit das Profil des idealen ‚Kandidaten‘ nicht ganz klar erschien.“

Was meinen Sie damit?

„In den ersten Jahren nach dem II. Vatikanum – erklärt er – galt vor allem ein ‚weltoffener‘ Priester als Kandidat für das Bischofsamt; jedenfalls rückte dieser Maßstab ganz in den Vordergrund. Nach der Wende von 1968 und im Zuge der Verschärfung der Krise hat man dann verstanden, daß die damit umschriebenen Eigenschaften allein nicht ausreichten. Man hat nämlich auch durch bittere Erfahrungen bemerkt, daß wohl ‚aufgeschlossene' Bischöfe nötig waren, aber auch solche, die zugleich imstande waren, sich der Welt und ihren negativen Tendenzen entgegenzustellen, um sie zu bessern, ihnen Einhalt zu gebieten und die Gläubigen davor zu warnen. Das Auswahlkriterium ist folglich mit der Zeit realistischer geworden, während die ‚Öffnung' als solche in den veränderten kulturellen Situationen nicht mehr als Antwort und Rezept zu genügen schien. Übrigens hat ein ähnlicher Reifungsprozeß auch bei vielen Bischöfen eingesetzt, die in ihrer Diözese bitter erfahren mußten, daß sich die Zeiten wirklich geändert haben gegenüber den Zeiten des etwas unkritischen Optimismus unmittelbar nach dem Konzil."

Der Generationswechsel ist im Gang: Ende 1984 hatte praktisch die Hälfte des katholischen Weltepiskopats (Ratzinger eingeschlossen) nicht direkt am II. Vatikanum teilgenommen. Also übernimmt gerade eine neue Generation die Führung der Kirche.

Eine Generation, der der Präfekt nicht raten würde, in Konkurrenz zu den Theologieprofessoren zu treten: „Als Bischöfe – erklärte er vor einigen Jahren – haben sie nicht die Funktion, im Konzert der Spezialisten auch noch ein Instrument spielen zu wollen." Zeitgemäße Lehrer des Glaubens und eifrige Hirten der ihnen anvertrauten Herde, gewiß; aber ihre „Aufgabe ist es vielmehr, die Stimme des einfachen Glaubens und seiner einfachen Ureinsichten zu verkörpern, die der Wissenschaft vorausliegen und da zu verschwinden drohen, wo die Wissenschaft sich absolut setzt. In diesem Sinn nehmen sie in der Tat eine durchaus *demokratische* Funktion wahr, die freilich nicht auf der Statistik, sondern auf der gemeinsamen Gabe der Taufe beruht".

Während einer der Pausen in unserer Unterredung habe ich ihm eine Frage gestellt, die ein wenig scherzhaft gemeint war. Sie sollte ein wenig die Spannung lockern, die durch sein Bemühen um Verständlichkeit und durch meinen Wunsch nach Verstehen entstanden war. Die Antwort, die er gegeben hat, könnte, glaube ich, tatsächlich helfen, seine Idee von Kirche besser zu verstehen, die nicht auf Managern, sondern auf Menschen des Glaubens, nicht auf Computern, sondern auf Liebe, Geduld und Weisheit gegründet ist.

Ich hatte ihn also gefragt, ob er (da er als ehemaliger Erzbischof von München und jetzt als Kardinal in Rom ja vergleichen könnte) lieber eine Kirche mit ihrem Zentrum in Deutschland anstatt in Italien hätte.

„Das wäre schlimm!" meinte er lachend. „Dann hätten wir eine überorganisierte Kirche. Bedenken Sie: Wir hatten allein im Münchener Ordinariat 400 Beamte und Angestellte, alle regulär bezahlt. Nun, man weiß, daß von Natur aus jede Behörde die eigene Existenz dadurch rechtfertigen muß, daß sie Dokumente verabschiedet, Begegnungen veranstaltet, neue Strukturen plant. Zweifellos haben alle das Beste gewollt. Aber oft genug konnte es geschehen, daß die Pfarrer sich durch die Vielzahl der ‚Hilfen' eher belastet als unterstützt fühlten."

Also, trotz allem, lieber Rom als die starren Strukturen, die Hyper-Organisation, die die nördlichen Menschen faszinieren?

„Ja, besser der italienische Geist, der bei seiner geringeren Organisationslust den einzelnen Persönlichkeiten, Einzelinitiativen und den originellen Ideen Raum läßt, die – ich erwähnte es im Blick auf die Struktur mancher

Bischofskonferenzen – für die Kirche unerläßlich sind. Die Heiligen, sie alle sind Menschen mit Phantasie gewesen, nicht Funktionäre von Apparaten. Sie waren nach außen hin vielleicht ‚sonderbare‘ Persönlichkeiten, und doch waren sie zutiefst gehorsam und gleichzeitig Menschen von einer großen Originalität und persönlichen Unabhängigkeit. Und die Kirche – ich werde nicht müde, es zu wiederholen – braucht Heilige mehr als Funktionäre. Mir sagt auch jene lateinische Mentalität zu, die der einzelnen Person selbst im notwendigen Netzwerk von Gesetzen und Codices immer einen Spielraum läßt. Das Gesetz ist für den Menschen da und nicht der Mensch für das Gesetz: Die Struktur hat ihre Berechtigung, aber sie darf nicht die Personen ersticken.“

Der umstrittene Ruf, sage ich, der die römische Kurie seit jeher umgibt, angefangen vom frühen Mittelalter, über die Zeit Luthers bis heute ...

Er unterbricht mich: „Auch ich schaute von Deutschland aus oft mit Skepsis, vielleicht sogar mit Argwohn und Ungeduld auf den römischen Apparat. In Rom habe ich dann die Erfahrung gemacht, daß diese Kurie weit über ihrem Ruf steht. In der großen Mehrzahl ist sie aus Personen zusammengesetzt, die hier im echten Geist des Dienstes wirken. Es kann auch nicht anders sein, in Anbetracht der bescheidenen Gehälter, die bei uns nahe an der Armutsgrenze liegen würden. Und wenn man auch sieht, daß die Arbeit der meisten sehr undankbar ist, weil sie sich anonym hinter den Kulissen abspielt und der Vorbereitung von Dokumenten oder von Stellungnahmen dient, die anderen, die an der Spitze der Strukturen stehen, zugeschrieben werden.“

Der Vorwurf der Langsamkeit, der sprichwörtlichen Verspätungen in den Entscheidungen ...

Er sagt: „Dies geschieht auch, weil der Heilige Stuhl, dem oft nachgesagt wird, er würde im Gold schwimmen, in Wirklichkeit nicht imstande ist, die Kosten für das viele Personal aufzubringen. Viele, die glauben, das ‚Ex-Heilige Offizium' sei eine gutausgestattete Behörde, können sich vielleicht nicht vorstellen, daß die Sektion für die Lehre (von den vier Abteilungen, aus denen sich die Kongregation zusammensetzt, die wichtigste und die von den Kritiken am meisten attackierte) nicht mehr als etwa zehn Personen zählt, den Präfekten eingeschlossen. In der ganzen Kongregation sind wir etwa dreißig. Folglich ein bißchen wenig, um jenen theologischen Putsch zu organisieren, dessen uns einige verdächtigen! Auf alle Fälle – Scherz beiseite – auch etwas wenige, um mit der notwendigen Pünktlichkeit all das zu verfolgen, was sich in der Kirche bewegt, geschweige denn, um jener Aufgabe der ‚Förderung der heiligen Lehre' gerecht zu werden, die die Reform an die erste Stelle unserer Aufgaben setzt."

Wie verfahren Sie also weiter?

„Indem wir die Gründung von ‚Glaubenskommissionen' in jeder Diözese oder Bischofskonferenz anregen. Gewiß behalten wir gemäß dem Statut das Recht, überall in der gesamten Kirche zu intervenieren. Aber wenn es Ereignisse oder Theorien gibt, die Unruhe hervorrufen, ermutigen wir vor allem die Bischöfe oder die Ordensoberen dazu, mit dem Autor in Dialog zu treten, wenn sie es nicht ohnehin schon getan haben. Nur wenn es nicht gelingt, die Dinge in dieser Weise zu klären (oder wenn das Problem die lokalen Grenzen überschreitet und internationale Ausmaße annimmt oder wenn die lokale Autorität selbst ein Einschreiten von seiten Roms wünscht), nur dann treten wir in kritischen Dialog mit dem Autor. Zunächst teilen wir ihm unsere Stellungnahme mit, die aufgrund der Prüfung seiner Werke zusammen mit Gutachten von verschiedenen Experten erarbeitet ist. Er hat die Möglichkeit, uns zu korrigieren und uns zu sagen, wenn wir da oder dort sein Denken nicht richtig interpretiert haben. Nach einem Briefwechsel (und bisweilen einer Reihe von Gesprächen) antworten wir ihm, indem wir ihm eine definitive Einschätzung mitteilen und ihm vorschlagen, alle aus dem Dialog hervorgegangenen Klärungen in einem geeigneten Artikel darzulegen."

Ein Verfahren, das also bereits als solches viel Zeit in Anspruch nimmt. Wird es nicht zusätzlich noch durch Personalmangel und „romanische" Lebensrhythmen verlängert, wenn eine rechtzeitige Entscheidung notwendig wäre, oft gerade im Interesse des „Verdächtigten", der nicht zu lang im Ungewissen gehalten werden kann?

„Das ist wahr – räumt er ein –, aber ich möchte sagen, daß die sprichwörtliche vatikanische Langsamkeit nicht nur negative Seiten hat. Das ist eines der Dinge, die ich erst in Rom besser verstanden habe: die Kunst des *soprassedere* (Hinausschiebens), wie die Italiener sagen, kann sich als positiv erweisen, sie kann einer Situation die Gelegenheit geben, sich zu entkrampfen, zu reifen und sich folglich zu klären. Vielleicht liegt auch hierin eine alte lateinische Weisheit: Zu schnelle Reaktionen sind nicht immer wünschenswert; bisweilen respektiert eine nicht zu übertriebene Schnelligkeit in den Reaktionen besser die Personen."

Gefährliche Symptome

Als logische Konsequenz der Krise des Glaubens an die Kirche als Mysterium, wo das Evangelium lebt und einer von Christus selbst gewollten Hierarchie anvertraut ist, sieht der Kardinal eine *Krise des Vertrauens in das Dogma,* das vom Lehramt verkündet wird: „Weite Kreise in der Theologie scheinen vergessen zu haben, daß das Subjekt, das Theologie betreibt, nicht der einzelne Gelehrte ist, sondern die katholische Gemeinschaft als Ganze, die gesamte Kirche. Von diesem Vergessen der theologischen Arbeit als einem kirchlichen Dienst rührt ein theologischer Pluralismus her, der in Wirklichkeit oft ein Subjektivismus, ein Individualismus ist, der mit den Grundlagen der gemeinsamen Tradition wenig zu tun hat. Jeder Theologe will jetzt offenbar ‚kreativ' sein; aber seine eigentliche Aufgabe besteht in der Vertiefung des gemeinsamen Depositums des Glaubens sowie in der Hilfe, es zu verstehen und zu verkündigen, und nicht darin, es zu ‚kreieren'. Andernfalls zerfällt der Glaube in eine Reihe von Schulen und vielfach gegensätzlichen Strömungen, sehr zum Schaden für das verunsicherte Volk Gottes. Die Theologie hat sich in diesen Jahren mit viel Energie damit beschäftigt, Glauben und Zeichen der Zeit in Einklang zu bringen, um neue Wege der Vermittlung des Christentums zu finden. Viele jedoch sind schließlich zur Einsicht gelangt, daß diese Bemühungen oft mehr zu einer Verschärfung als zu einer Lösung der Krise beigetragen haben. Es wäre ungerecht, dieses Urteil zu verallgemeinern, aber es wäre auch falsch, es schlicht und einfach zu verneinen."

In Fortführung seiner Diagnose sagt er: „In dieser subjektiven Sicht der Theologie wird das Dogma oft als ein unerträgliches Korsett angesehen, als ein Anschlag auf die Freiheit des einzelnen Gelehrten. Dabei hat man aber die Tatsache aus dem Blick verloren, daß die dogmatische Definition vielmehr ein Dienst an der Wahrheit ist, ein Geschenk, das den Gläubigen durch die von Gott gewollte Autorität dargereicht wird. Die Dogmen – so hat jemand gesagt – sind keine Mauern, die uns den Blick verstellen, sondern sie sind im Gegenteil offene Fenster auf das Unendliche hin."

„Eine zerstückelte Katechese"

Die von ihm konstatierte Verwirrung in der Theologie hat für den Präfekten gravierende Konsequenzen für die *Katechese*.

Er sagt: „Da die Theologie nicht mehr eine gemeinsame Gestalt des Glaubens vermitteln kann, ist auch die Katechese der Zerstückelung und ständig wechselnden Experimenten ausgesetzt. Einige Katechismen und viele Katecheten lehren nicht mehr den katholischen Glauben in seiner harmonischen Ganzheit – wo jede Wahrheit die andere voraussetzt und zugleich erklärt –, sondern versuchen, einige Elemente des christlichen Erbes menschlich interessant zu machen (entsprechend den momentanen kulturellen Ausrichtungen). Einige biblische Abschnitte werden hervorgehoben, weil sie als ‚dem heutigen Empfinden näher' angesehen werden; andere werden aus dem entgegengesetzten Grund übergangen. Also nicht mehr eine Katechese, die eine umfassende Glaubensbildung wäre, sondern Widerspiegelungen und Anstöße von partiellen, subjektiven anthropologischen Erfahrungen."

Anfang 1983 hielt Ratzinger in Frankreich bei einer Konferenz (die großes Aufsehen erregte) über die „neue

Katechese" einen Vortrag. Bei dieser Gelegenheit sagte er mit gewohnter Klarheit unter anderem: „Ein erster schwerwiegender Fehler auf diesem Weg war es, den Katechismus abzuschaffen und ganz allgemein die Gattung ‚Katechismus' für überholt zu erklären." Und er spricht von einem „eilfertig und mit großer Sicherheit international betriebene(n) Fehlentscheid".

Mir gegenüber wiederholt er: „Es ist notwendig, sich daran zu erinnern, daß seit den ersten Zeiten des Christentums ein bleibender und unverzichtbarer ‚Kern' der Katechese und somit der Glaubensbildung erscheint. Auch Luther hat diesen Kern für seinen Katechismus ebenso selbstverständlich angewandt wie der römische Katechismus, der in Trient beschlossen wurde. Alles Sprechen über den Glauben ist nämlich um vier grundlegende Elemente herum angeordnet: das *Glaubensbekenntnis*, das *Vaterunser*, der *Dekalog*, die *Sakramente*. Damit ist die Grundlage des christlichen Lebens, die Synthese der auf Schrift und Tradition gegründeten Lehre der Kirche umschrieben. Der Christ findet hier das, was er zu *glauben* hat (Symbolum oder Credo), was zu *hoffen* (Vater unser), was zu *tun* (Dekalog), und es wird der *Lebensraum* umschrieben, in dem dies alles sich vollzieht (Sakramente). Heute ist diese grundlegende Struktur in weiten Bereichen der aktuellen Katechese aufgegeben, mit den Ergebnissen, die wir feststellen an der Auflösung des *sensus fidei* in den neuen Generationen, die oft unfähig sind zu einer Gesamtsicht ihrer Religion."

In den französischen Konferenzen berichtete er, daß ihm einmal eine Mutter in Deutschland erzählt habe, „ihr Sohn werde in der Grundschule soeben mit der Christologie der Logienquelle vertraut gemacht; von den sieben Sakramenten oder von den Artikeln des Glaubensbekenntnisses habe er freilich noch nie etwas zu hören bekommen".

Zur Vertrauenskrise dem Dogma der Kirche gegenüber gesellt sich für Ratzinger die gegenwärtige Vertrauenskrise gegenüber der von der Kirche vertretenen *Moral*. Da es sich jedoch bei der Ethik seiner Ansicht nach um einen so wichtigen Bereich handelt, daß sie eine eingehende Erörterung verlangt, gehen wir später darauf ein.

Hier soll es zunächst um seine Ausführungen zu einem anderen Problemkreis gehen: um die *Krise des Vertrauens in die Schrift*, so wie sie von der Kirche gelesen wird.

Er sagt: „Das Band zwischen Bibel und Kirche ist zerrissen worden. Diese Trennung hat im protestantischen Bereich mit der Zeit der Aufklärung im 18. Jahrhundert angefangen und hat seit kurzem auch bei katholischen Gelehrten Eingang gefunden. Die historisch-kritische Interpretation hat zwar viele und großartige neue Möglichkeiten eröffnet, den biblischen Text besser zu verstehen, aber sie kann ihn ihrem Wesen nach nur in seiner historischen Dimension, nicht in seinem gegenwärtigen Anspruch erklären. Wo sie diese Grenze vergißt, wird sie nicht nur unlogisch und damit auch unwissenschaftlich; man vergißt dann auch, daß die Bibel als Gegenwart und Zukunft nur im Lebenszusammenhang der Kirche verstanden werden kann. Man liest sie dann nicht mehr von der Tradition der Kirche ausgehend und mit der Kirche, sondern, indem man von der neuesten Methode ausgeht, die sich als ‚wissenschaftlich' darstellt. Aus dieser Unabhängigkeit ist bei einigen sogar ein Gegensatz geworden, der so weit reicht, daß für viele der überlieferte Glaube der Kirche von der kritischen Exegese her als nicht mehr vertretbar erscheint, sondern nur als ein Hindernis zum echten, ‚modernen' Verständnis des Christentums empfunden wird."

Auf diese Situation wird er (indem er nach ihren Wurzeln fragt) noch zurückkommen, wenn es um die „Theologien der Befreiung" gehen wird.

Hier nehmen wir sein Urteil vorweg, daß „die Trennung zwischen Kirche und Schrift dazu tendiert, beide von innen her auszuhöhlen. In der Tat: Eine Kirche ohne glaubhafte biblische Grundlage wird zu einem zufälligen geschichtlichen Produkt, zu einer Organisation neben anderen und zu jenem menschlichen, organisatorischen Rahmen, von dem wir sprachen. Aber auch die Bibel ist ohne die Kirche nicht mehr wirkmächtiges Wort Gottes, sondern eine Ansammlung vielfältiger geschichtlicher Quellen, eine Sammlung heterogener Bücher, aus denen man unter dem Gesichtspunkt der Aktualität das herauszuziehen versucht, was man für nützlich hält. Eine Exegese, in der die Bibel nicht mehr aus dem lebendigen Organismus der Kirche lebt und verstanden wird, wird zur Archäologie: Die Toten begraben ihre Toten. In jedem Fall liegt auf diese Weise das letzte Wort über das Wort Gottes als Wort Gottes nicht bei den legitimen Hirten, dem Lehramt, sondern beim Experten, dem Professor mit seinen immer vorläufigen und revidierbaren Ergebnissen".

Für ihn wäre es folglich nötig, „daß man die Grenzen einer Methode zu sehen beginnt, die an sich wertvoll ist, aber unfruchtbar wird, wenn man sie absolut setzt. Je weiter man über die bloße Feststellung vergangener Daten hinausgeht und ein wirkliches Verstehen anstrebt, desto mehr fließen dann auch philosophische Ideen ein, die nur scheinbar ein Produkt wissenschaftlicher Untersuchung des Textes sind. Es kann dann bis zu so absurden Experimenten wie der ‚materialistischen Auslegung' der Bibel kommen. Im übrigen ist heute gottlob unter den Exegeten selbst ein intensives Gespräch über die Grenzen der historisch-kritischen Methode und anderer moderner Auslegungsmethoden in Gang gekommen.

Durch die historisch-kritische Forschung – fährt er fort – ist die Schrift wieder ein *offenes* Buch geworden, aber auch ein *verschlossenes*. Ein *offenes* Buch: Dank der Arbeit der Exegese nehmen wir das Wort der Bibel in neuer Weise in seiner historischen Ursprünglichkeit wahr, in der Vielfältigkeit des Werdens und des Wachsens einer Geschichte, voll von Spannungen und Kontrasten, die gleichzeitig seinen unerwarteten Reichtum ausmachen. Aber auf diese Weise ist die Heilige Schrift auch wieder zu einem *verschlossenen* Buch geworden: Sie ist zum Objekt der Experten geworden; ein Laie, aber auch der Fachtheologe, der nicht Exeget ist, kann es nicht mehr wagen, darüber zu sprechen. Sie scheint der Lektüre und der Reflexion des Gläubigen fast entzogen, denn das, was dabei herauskäme, würde als ‚dilettantisch' gebrandmarkt werden. Die Fachwissenschaft errichtet einen Zaun um den Garten der Schrift, zu dem der Nicht-Experte mittlerweile keinen Zugang mehr hat".

Ich frage: Kann folglich auch ein „moderner" Katholik wieder beginnen, seine Bibel zu lesen, ohne sich zu sehr um komplizierte exegetische Fragen zu kümmern?

„Gewiß – antwortet er –, jeder Katholik muß den Mut haben zu glauben, daß sein Glaube (in Gemeinschaft mit dem der Kirche) jedes ‚neue Lehramt' der Experten, der Intellektuellen überragt. Ihre Hypothesen können zu einem besseren Verständnis der Entstehung der biblischen Bücher verhelfen, aber es ist ein Vorurteil evolutionistischer Herkunft, wenn behauptet wird, man würde den Text nur verstehen, wenn man seine Entstehung und Entwicklung studiert. Gestern wie heute gründet sich die Glaubensregel nicht auf die Entdeckungen der biblischen Quellen und Schichten (mögen sie wahr oder hypothetisch sein), sondern auf die Bibel, so *wie sie ist*, wie sie in der Kirche seit der Zeit der Väter bis jetzt gelesen worden ist. Gerade die Treue zu dieser Lektüre der Bibel hat uns die Heiligen hervorgebracht, die oft ungebildet waren, jedenfalls häufig nicht um exegetische Zusammenhänge wußten. Und doch sind sie diejenigen, die sie am besten verstanden haben."

Der unverstandene Sohn und der vergessene Vater

Für ihn ist es offensichtlich, daß aus diesem Spektrum von Krisen auch eine Krise herrührt, die die Grundlagen selbst betrifft: den *Glauben an den Dreieinigen Gott* in seinen Personen. Während das Thema „Heiliger Geist" gesondert abgehandelt werden wird, geben wir hier die Ausführungen in bezug auf Gott-Vater und auf den Sohn Jesus Christus wieder.

Er sagt also: „Aus der – natürlich unbegründeten – Furcht, die Betonung des Vaters, des Schöpfers, könnte den Sohn in den Schatten stellen, tendiert manche Theologie heute dahin, sich ganz in Christologie aufzulösen. Aber es handelt sich hier um eine oft zweifelhafte Christologie, in der man auf einseitige Weise die menschliche Natur Jesu betont und die göttliche, die in derselben Person Christi vereint ist, verdunkelt oder verschweigt oder in ungenügender Weise zur Sprache bringt. Man könnte darin eine Rückkehr auf den Boden der alten arianischen Häresie sehen. Natürlich wird man kaum einen ‚katholischen' Theologen finden, der sagt, er würde die alte Formel leugnen, die Jesus als ‚Sohn Gottes' bekennt. Alle werden behaupten, sie zu akzeptieren, wobei sie jedoch sogleich hinzufügen, ‚in welchem Sinn' jene Formel ihrer Meinung nach verstanden werden müßte. Und gerade hier operiert man mit Distinktionen, die oft zu Verkürzungen des Glaubens an Christus als Gott führen. Wie ich bereits sagte, tendiert die Christologie, wenn sie von einer übernatürlichen und nicht nur soziologischen Ekklesiologie losgelöst ist, gerade selbst dazu, die Dimension des Göttlichen zu verlieren; sie neigt dazu, sich in ein ‚Projekt Jesus' hinein aufzulösen, in ein Projekt bloß geschichtlichen, menschlichen Heiles also.

Was Gott, den Vater, die erste Person der Trinität anbelangt – fährt er fort –, so ist die ‚Krise' um ihn aus einer gewissen Theologie zu erklären, aus einer Gesellschaft, die nach Freud jedem Vater und jeder Vaterschaft mißtraut. Man verschleiert die Idee von Gott dem Schöpfer auch deshalb, weil man die Vorstellung eines Gottes, an den man sich kniend wendet, nicht akzeptiert: Man spricht lieber nur von Partnerschaft, von Freundschaftsbeziehung unter beinahe Gleichen, von Mensch zu Mensch mit dem Menschen Jesus. Man neigt dann dazu, die Frage nach Gott, dem Schöpfer, beiseite zu schieben, auch weil man die Probleme fürchtet (und folglich gern vermeiden möchte), die das Verhältnis von Schöpfungsglauben zu Naturwissenschaften aufwirft, angefangen von den Perspektiven, die durch den Evolutionismus eröffnet sind. So gibt es neue Texte für die Katechese, die nicht bei Adam, beim Anfang des Buches der Genesis beginnen, sondern bei der Berufung Abrahams oder beim Exodus. Das Augenmerk ist ganz auf die *Geschichte* gerichtet und geht so der Konfrontation mit dem Sein aus dem Weg. Wenn auf diese Weise jedoch Gott nur noch auf Christus – womöglich nur noch auf den Menschen Jesus – reduziert wird, ist er nicht mehr Gott. Und *de facto* scheint es so, als würde manche Theologie nicht mehr an einen Gott glauben, der in die Tiefe der Materie eintreten kann; es ist gleichsam eine Wiederkehr der Gleichgültigkeit, wenn nicht gar der Abscheu der Gnosis gegenüber der Materie. Von daher rühren auch die Zweifel bezüglich der ‚materiellen' Aspekte der Offenbarung, wie reale Gegenwart Christi in der Eucharistie, Jungfräulichkeit Mariens, konkrete und reale Auferstehung Jesu, Auferstehung des Leibes, die allen am Ende der Geschichte verheißen ist. Es ist gewiß nicht zufällig, daß das Apostolische Symbol mit dem Bekenntnis beginnt: ‚Ich glaube an Gott, den Vater, den Allmächtigen, Schöpfer des Himmels und der Erde.' Dieser Urglaube an den Schöpfergott (ein Gott, der wirklich Gott ist) bildet gleichsam den Angelpunkt für alle anderen christlichen Wahrheiten. Wenn etwas ins Wanken gerät, fällt alles übrige."

„Die Erbsünde nicht unterbewerten"

Um noch einmal auf die Christologie zurückzukommen: Es gibt Leute, die sagen, sie sei auch deshalb in einer schwierigen Lage, weil jene Wirklichkeit, die die Theologie „Erbsünde" genannt hat, vergessen beziehungsweise geleugnet wird. Und man fügt noch hinzu, daß hierin einige Theologen sich geradezu das Schema einer Aufklärung à la Rousseau zu eigen gemacht hätten, das der modernen Kultur – kapitalistisch oder marxistisch – zugrunde liegt: der von Natur aus gute Mensch, der nur von der falschen Erziehung und von den zu reformierenden gesellschaftlichen Strukturen verdorben sei. Wenn man das „System" ändern würde, müßte alles in Ordnung kommen, und der Mensch könnte im Frieden mit sich selbst und mit den anderen leben.

Seine Antwort: „Sollte mich eines Tages die Vorsehung von diesen meinen Verpflichtungen befreien, möchte ich mich gerade dem Thema der ‚Erbsünde' beziehungsweise der Notwendigkeit einer Wiederentdeckung ihrer eigentlichen Wirklichkeit widmen. In der Tat, wenn man nicht mehr versteht, daß sich der Mensch in einem Zustand der (nicht nur ökonomischen und sozialen und folglich in einer mit seinen eigenen Anstrengungen allein nicht lösbaren) Entfremdung befindet, versteht man nicht mehr die Notwendigkeit des Erlösers Christus. Die ganze

Struktur des Glaubens ist somit bedroht. Die Unfähigkeit, die ‚Erbsünde' zu verstehen und verständlich zu machen, ist wirklich eines der schwerwiegendsten Probleme der gegenwärtigen Theologie und Pastoral."

Vielleicht wäre es aber nötig, sage ich, auch die sprachliche Ebene zu überdenken: Ist der alte, aus der Patristik stammende Ausdruck „Erbsünde" heute noch angemessen?

„Die religiöse Sprechweise zu verändern, ist immer sehr gefährlich. Kontinuität ist hier von großer Bedeutung. Ich halte die zentralen Begriffe des Glaubens, die von den großen Schriftworten stammen, für nicht veränderbar: wie zum Beispiel ‚Sohn Gottes', ‚Heiliger Geist', ‚Jungfräulichkeit' und ‚Mutterschaft'. Ich räume jedoch ein, daß Ausdrücke wie ‚Erbsünde' veränderbar sein können, da sie ihrem Inhalt nach zwar auch unmittelbar biblischer Herkunft sind, aber im Ausdruck bereits das Stadium theologischer Reflexion manifestieren. In jedem Fall ist es nötig, mit großer Behutsamkeit vorzugehen: Die Worte sind nicht belanglos, sie sind vielmehr in enger Weise an die Bedeutung gebunden. Ich glaube jedenfalls, daß die theologischen und pastoralen Schwierigkeiten angesichts der ‚Erbsünde' gewiß nicht nur semantischer, sondern grundsätzlicher Natur sind."

Und was heißt das im einzelnen?

„In einer evolutionistischen Welthypothese (der in der Theologie ein gewisser ‚Teilhardismus' entspricht) gibt es offensichtlich keinerlei Platz für eine ‚Erbsünde'. Diese ist bestenfalls ein bloß symbolisches, mythisches Ausdrucksmittel, um die *natürlichen* Mängel einer Kreatur wie des Menschen zu kennzeichnen, der von äußerst unvollkommenen Ursprüngen auf die Vollendung, auf seine endgültige Verwirklichung zugeht. Diese Sicht zu akzeptieren bedeutet jedoch, die Struktur des Christentums auf den Kopf zu stellen: Christus ist aus der Vergangenheit in die Zukunft versetzt; Erlösung würde einfachhin bedeuten, auf die Zukunft als der notwendigen Entwicklung zum Besseren hin zuzugehen. Der Mensch ist nur ein Produkt, das von der Zeit noch nicht vollständig perfektioniert ist; es hat nie eine ‚Erlösung' gegeben, weil es keinerlei Sünde gegeben hat, von der man hätte geheilt werden müssen, sondern nur einen, ich wiederhole es, natürlichen Mangel. Und doch sind diese Schwierigkeiten – mehr oder weniger ‚wissenschaftlicher' Herkunft – noch nicht die Wurzel der heutigen Krise der ‚Erbsünde'. Diese Krise ist nur ein Symptom für unsere tiefgreifende Schwierigkeit, die Wirklichkeit von uns selbst, von der Welt und von Gott wahrzunehmen. Die Diskussionen mit den Naturwissenschaften, wie zum Beispiel der Paläontologie, reichen hier gewiß nicht aus, auch wenn diese Art von Auseinandersetzung notwendig ist. Wir müssen uns darüber im klaren sein, daß wir uns auch Vorverständnissen und Vorentscheidungen philosophischen Charakters gegenübersehen."

Auf alle Fälle verständliche Schwierigkeiten, bemerke ich in Anbetracht des wirklich „geheimnisvollen" Charakters der „Erbsünde", oder wie man sie nennen will.

Er sagt: „Diese christliche Wahrheit ist auf der einen Seite ein Mysterium, zum anderen ist ihr aber auch eine gewisse Evidenz eigen. Die *Evidenz*: Eine klare, realistische Betrachtung des Menschen und der Geschichte wird einfach auf deren Entfremdung stoßen, sie wird einfach entdecken, daß es einen Bruch in den Beziehungen gibt: in den Beziehungen des Menschen zu sich selbst, zu den anderen, zu Gott. Nun, da der Mensch schlechthin Sein-in-Beziehung ist, reicht ein derartiger Bruch bis in die Wurzeln und wirkt sich auf alles aus. Das *Mysterium*: Wenn wir nicht in der Lage sind, die Erbsünde bis in den Grund ihrer Wirklichkeit und ihrer Konsequenzen zu durchdringen, so gerade deshalb, weil sie existiert, weil die Zerrüttung ontologisch ist, weil sie in uns die Logik der Natur aus dem Gleichgewicht bringt und verwirrt, uns daran hindert zu verstehen, wie eine Schuld am Ursprung der Geschichte eine Situation der gemeinsamen Sünde nach sich ziehen kann."

Adam, Eva, Eden, der Apfel, die Schlange ... Was sollen wir davon halten?

„Die biblische Erzählung über die Ursprünge berichtet nicht im Sinne moderner Geschichtsschreibung, sondern sie spricht durch Bilder. Es handelt sich um eine Erzählung, die gleichzeitig *offenbart* und *verhüllt*. Aber die tragenden Elemente sind einsichtig, und die Wirklichkeit des Dogmas gehört in jedem Fall bewahrt. Der Christ würde seinen Brüdern und Schwestern etwas schuldig bleiben, wenn er ihnen nicht den Christus verkündigen würde, der in erster Linie die Erlösung von der Sünde bringt; wenn er nicht die Realität der Entfremdung (den ‚Fall') und gleichzeitig die Wirklichkeit der Gnade verkündigen würde, die uns erlöst, uns befreit; wenn er nicht verkündigen würde, daß für die Wiederherstellung unseres ursprünglichen Wesens eine Hilfe von außerhalb nötig ist; wenn er nicht verkündigen würde, daß das Bestehen auf Selbstverwirklichung, auf Selbst-Erlösung nicht zum Heil führt, sondern zur Zerstörung. Schließlich, wenn er nicht verkündigen würde, daß es für die eigene Rettung nötig ist, sich der Liebe anzuvertrauen."

Die Krise der Moral

Es gibt also auch eine – ebenfalls gravierende – *Krise der Moral,* wie sie vom kirchlichen Lehramt vorgegeben ist; eine Krise, die, wie wir bereits sagten, mit jener des katholischen Dogmas eng verknüpft ist.

Dabei handelt es sich um eine Krise, die bislang vor allem die sogenannte „entwickelte" Welt erfaßt hat, insbesondere Europa und die Vereinigten Staaten; aber wie man weiß, setzen sich die dort entwickelten Denkmodelle letztendlich auch in der übrigen Welt durch mit der Hilfe eines wohlbekannten kulturellen Imperialismus.

Jedenfalls erscheint, um bei den Worten des Kardinals zu bleiben, „in einer Welt wie der westlichen, wo Geld und Reichtum das Maß aller Dinge sind und wo das Modell vom freien Markt jedem Lebensbereich seine erbarmungslosen Gesetze aufzwingt, die echte katholische Ethik bereits vielen als ein Fremdkörper aus längst vergangenen Zeiten, als eine Art Meteorit, der nicht nur im Gegensatz zu den konkreten Lebensgewohnheiten, sondern auch zu der ihnen zugrunde liegenden Denkweise steht. Der ökonomische *Liberalismus* schafft sich auf moralischer Ebene seine exakte Entsprechung: den *Permissivismus*". Und somit „wird es schwierig, wenn nicht gar unmöglich, die Moral der Kirche einsichtig zu machen. Zu weit ist sie von dem entfernt, was für die Mehrheit derer als selbstverständlich, als normal gilt, die von der herrschenden Kultur geprägt sind, der sich zuletzt als einflußreiche Gefolgsleute auch nicht wenige ‚katholische' Moraltheologen angeschlossen haben".

In Bogotà hat der Kardinal auf der Versammlung der Bischöfe, die den Lehrkommissionen und Bischofskonferenzen von Lateinamerika vorsitzen, eine – bisher unveröffentlichte – Rede gehalten, die versuchte, die tiefen Gründe dessen zu benennen, was in der zeitgenössischen Theologie vor sich geht, einschließlich der Moraltheologie, der in jenem Bericht ein ihrer Bedeutung entsprechender Raum gewidmet ist. Es wird deshalb notwendig sein, Ratzinger in seiner Analyse zu folgen, um seine Warnung angesichts gewisser Wege zu verstehen, die der Westen und in seiner Folge manche Theologien eingeschlagen haben. Vor allem auf die Fragen von Familie und Sexualität wollte er die Aufmerksamkeit lenken.

Er sagte damals: „In der Kultur der ‚entwickelten' Welt ist vor allem das unlösliche Band zwischen *Sexualität* und *Mutterschaft* zerrissen worden. Abgetrennt von der Mutterschaft ist der Sexus ortlos geworden und hat seinen Bezugspunkt verloren: Er ist eine Art Treibmine, ein Problem und zugleich eine allgegenwärtige Macht."

Diesem ersten Riß sieht er einen weiteren folgen: „Nachdem die Trennung von Sexualität und Mutterschaft vollzogen war, ist die Sexualität auch von der Zeugung abgetrennt worden. Diese Bewegung hat schließlich dazu geführt, daß sie auch in die entgegengesetzte Richtung gegangen ist: nämlich Zeugung ohne Sexualität. Von hier aus folgen die immer empörenderen medizinisch-technischen Experimente – von denen die Gegenwart voll ist –, wo die Zeugung eben geradezu von der Sexualität unabhängig ist. Die biologische Manipulation strebt darauf zu, daß der Mensch von der Natur abgekoppelt wird (über deren Verständnis selbst, wie wir sehen werden, diskutiert wird). Man versucht, den Menschen umzugestalten, zu manipulieren, wie man es mit jedem anderen ‚Ding' tut: Er ist nichts anderes als ein nach Belieben geplantes Produkt."

Wenn ich mich nicht täusche, sind unsere Kulturen in der gesamten Geschichte die ersten, in denen sich derartige Brüche vollziehen.

„Ja, und am Ende dieses Weges, um die grundlegenden, natürlichen (und nicht, wie man sagt, nur kulturellen) Bindungen zu zerbrechen, wird man zu unvorstellbaren Konsequenzen geführt, welche eben jener Logik entstammen, die einem derartigen Weg zu Grunde liegt."

Mehrfach zerbrochen

Für ihn werden wir bereits heute zu büßen haben für „die Folgen einer Sexualität, die in keinerlei Verbindung zur Mutterschaft und zur Zeugung mehr steht. Logischerweise folgt daraus, daß jede Form von Sexualität gleichwertig und folglich in gleichem Maße würdig ist. Es geht gewiß nicht darum – präzisiert er –, einen rückständigen Moralismus zu etablieren, sondern die aus den Prämissen folgenden Konsequenzen klar zu sehen: Es ist in der Tat logisch, daß die Lust, die *Libido* des einzelnen, der einzig mögliche Bezugspunkt des Sexus wird. Da er keinen objektiven Rechtfertigungsgrund mehr hat, sucht er den subjektiven Grund in der Befriedigung des Verlangens, in der für den einzelnen möglichst ‚befriedigenden' Antwort auf die Instinkte, denen man keine vernünftige Schranke mehr entgegensetzen kann. Jeder kann frei seiner persönlichen *Libido* seinen Inhalt geben, den er für gut hält".

Er fährt fort: „Folglich ist es natürlich, daß sich alle Formen sexueller Befriedigung in ‚Rechte' des einzelnen verwandeln. So wird, um ein heute besonders aktuelles Beispiel zu nennen, die Homosexualität zu einem unveräußerlichen Recht (und wie sollte man es unter derartigen

Voraussetzungen in Abrede stellen?); im Gegenteil, ihre volle Anerkennung erscheint als ein Aspekt der Befreiung des Menschen."

Es gibt noch andere Konsequenzen „dieser Entwurzelung der menschlichen Person in der Tiefe ihrer Natur". Damit meint er: „Wenn die Fruchtbarkeit abgetrennt wird von der auf lebenslange Treue gegründeten Ehe, kehrt sie sich vom *Segen* (wie sie jede Kultur verstanden hat) ins Gegenteil: Das heißt, sie wird zu einer *Bedrohung* für die freie Entfaltung des ‚individuellen Rechtes auf Glück'. So kommt es, daß die kostenlose, gesellschaftlich garantierte Abtreibung zu einem weiteren ‚Recht', zu einer weiteren Form von ‚Befreiung' wird."

Fern von der Gesellschaft und fern vom Lehramt?

So also stellt sich für ihn das dramatische ethische Szenarium der liberal-radikalen „Wohlstands"-Gesellschaft dar. Aber wie reagiert auf all dies die katholische Moraltheologie?

„Die mittlerweile vorherrschende Denkweise greift gerade die Grundlagen der kirchlichen Moral an, die sich, das sagte ich schon, wenn sie sich selbst treu bleibt, der Gefahr aussetzt, als ein anachronistisches Gebilde, ein lästiger Fremdkörper zu erscheinen. Bei ihrem Bemühen, weiterhin in unserer Gesellschaft ‚glaubhaft' zu bleiben, finden sich die Moraltheologen der westlichen Hemisphäre vor eine schwierige Alternative gestellt: Es scheint, daß sie sich zwischen dem Widerspruch gegenüber der heutigen Gesellschaft und dem Widerspruch gegenüber dem Lehramt entscheiden müssen. Je nach der Art der Fragen ist die Zahl derjenigen größer oder kleiner, die diesen letzten Typ von Widerspruch vorziehen und sich folglich auf die Suche nach Theorien und Systemen begeben, die Kompromisse zwischen dem Katholizismus und den gängigen Anschauungen erlauben. Aber dieser wachsende Unterschied zwischen Lehramt und ‚neuen' Moraltheologien führt zu unabsehbaren Konsequenzen, gerade auch, weil die Kirche mit ihren Schulen und ihren Krankenhäusern noch wichtige gesellschaftliche Rollen (vor allem in Amerika) innehat. So stehen wir folglich vor der schwerwiegenden Alternative: Entweder die Kirche findet zu einer Verständigung, zu einem Kompromiß mit den Werten, die in der Gesellschaft gelten, der sie weiterhin dienen will, oder aber sie entscheidet sich, ihren eigenen Werten treu zu bleiben (und diese sind, ihrer Ansicht nach, jene, die den Menschen in seinen tiefen Bedürfnissen schützen), und dann findet sie sich gerade der Gesellschaft gegenüber im Abseits."

So glaubt der Kardinal feststellen zu können, daß „heute der Bereich der Moraltheologie das Hauptfeld der Spannungen zwischen Lehramt und Theologen geworden ist, zumal hier die Konsequenzen am unmittelbarsten fühlbar werden. Einige Tendenzen möchte ich nennen: Verschiedentlich werden voreheliche Beziehungen, zumindest unter gewissen Bedingungen, gerechtfertigt; die Masturbation wird als ein normales Phänomen in der Entwicklung des Jugendlichen dargestellt; die Zulassung wiederverheirateter Geschiedener zu den Sakramenten wird ständig neu gefordert; auch der radikale Feminismus kann – besonders in manchen Frauenorden – zusehends in der Kirche vordringen (aber darüber wird noch zu sprechen sein). Selbst in bezug auf die Frage der Homosexualität werden Rechtfertigungsversuche unternommen: Es ist sogar vorgekommen, daß Bischöfe – aufgrund ungenügender Information oder auch aus einem Schuldgefühl von Katholiken einer ‚unterdrückten Minderheit' gegenüber – den *gays* Kirchen für ihre Veranstaltungen zur Verfügung gestellt haben. Dann gibt es noch den Fall *Humanae Vitae*, die Enzyklika von Paul VI., die das ‚Nein' zu den Kontrazeptiva bekräftigt hat und die nicht verstanden worden ist; sie ist im Gegenteil in weiten kirchlichen Kreisen mehr oder weniger offen abgelehnt worden".

Aber steht, so frage ich, nicht etwa gerade angesichts des Problems der Geburtenregelung die traditionelle katholische Moral ziemlich hilflos da? Hat man nicht den Eindruck, daß sich das Lehramt hier mangels wirklicher, entscheidender Argumente selbst bloßgestellt hat?

„Es ist richtig, daß zu Beginn der großen Diskussion beim Erscheinen der Enzyklika *Humanae Vitae* 1968 die Argumentationsbasis der dem Lehramt verpflichteten Theologie noch verhältnismäßig schmal war. Aber inzwischen hat sie sich mit neuen Erfahrungen und neuen Reflexionen so erweitert, daß sich die Situation eher umzukehren beginnt. Um das Ganze recht zu verstehen, müssen wir hier allerdings etwas zurückblenden. In den dreißiger oder vierziger Jahren hatten einige katholische Moraltheologen die Einseitigkeit der Ausrichtung der katholischen Sexualmoral auf die Zeugung vom Blick der personalistischen Philosophie her zu kritisieren begonnen. Sie haben vor allem darauf hingewiesen, daß die im kanonischen Recht klassische Betrachtungsweise der Ehe von ihren ‚Zwecken' her nicht dem ganzen Wesen der Ehe gerecht werden kann. Die Kategorie ‚Zweck' versagt vor den eigentlich menschlichen Phänomenen. Diese Theologen haben keineswegs die Bedeutung der Fruchtbarkeit im Wertgefüge der menschlichen Sexualität geleugnet. Aber sie haben ihr im Rahmen einer mehr personalistischen Betrachtungsweise der Ehe eine neue Stelle zugewiesen. Diese Diskussionen waren wichtig und haben eine bedeutende Vertiefung der katholischen Ehelehre erbracht. Das Konzil hat das Beste dieser Gedankengänge aufgenommen und bestätigt. Aber nun begann sich eine neue Entwicklungslinie abzuzeichnen. Wenn die Überlegungen des Konzils auf der Einheit von Person und Natur im Menschen basierten, so fing man jetzt an, ‚Personalismus' als Gegensatz von ‚Naturalismus' hinzustellen (so als ob die menschliche Person und ihre Bedürfnisse in Widerspruch zur Natur treten könnten). So hat ein übertriebener Personalismus einzelne Theologen dazu gebracht, die innere Ordnung, die Sprache der Natur abzulehnen (die hingegen nach der beständigen Lehre der katholischen Kirche von sich aus moralisch ist), indem sie der Sexualität, auch der ehelichen, den Willen der Person als alleinigen Bezugspunkt überließen. Hier liegt einer der Gründe dafür, daß *Humanae Vitae* abgelehnt wurde und daß es für manche Theologien unmöglich ist, die künstlichen Methoden der Empfängnisverhütung abzulehnen."

Auf der Suche nach sicheren Orientierungspunkten

Unter den ethischen Systemen, die sich in Alternative zu jenen des Lehramtes herausbilden, gibt es für ihn nicht nur den „übertriebenen Personalismus". Den in Bogotà versammelten Bischöfen hat Ratzinger – mit Blick auf die moraltheologischen Diskussionen in der westlichen Welt – die Linien anderer Systeme umrissen, die er für unannehmbar hält: „Sofort nach dem Konzil begann man darüber zu diskutieren, ob spezifisch christliche moralische Normen existieren würden. Einige kamen zu dem Schluß, daß sich alle Normen auch außerhalb der christlichen Welt finden können und daß *de facto* der größte Teil der christlichen Normen aus anderen Kulturen, besonders aus der antiken klassischen und insbesondere der stoischen, genommen ist. Von diesem Ausgangspunkt kam man unvermeidlich zu der Vorstellung, daß die Moral einzig auf der Grundlage der Vernunft aufzubauen sei und daß diese Autonomie der Vernunft auch für die Gläubigen gültig sei.

Also kein Lehramt mehr, nicht mehr der Gott der Offenbarung mit seinen Geboten, mit seinem Dekalog. In der Tat vertreten viele die Ansicht, daß der Dekalog, auf den die Kirche ihre objektive Moral gegründet hat, nichts anderes sei als ein ,kulturelles Produkt', das an den alten semitischen Mittleren Osten gebunden sei. Eine relative Norm also, die von einer Anthropologie und einer Geschichte abhängig ist, die nicht mehr die unsrigen sind. Hier kehrt also die Leugnung der Einheit der Schrift wieder, es zeigt sich wieder die alte Häresie, die das Alte Testament (Ort des ,Gesetzes') als überholt und durch das Neue (Reich der ,Gnade') zurückgewiesen erklärte. Aber für den Katholiken ist die Bibel ein einheitliches Ganzes; die Seligpreisungen Jesu heben nicht den Dekalog auf, der von Gott an Mose und durch ihn den Menschen aller Zeiten übergeben worden ist. Dagegen müßten nach diesen neuen Moraltheologen wir ,als nunmehr mündige und befreite' Menschen selbst nach anderen Verhaltensnormen suchen."

Ein Suchen, sage ich, das sich nur der Vernunft bedienen kann?

„Wie ich bereits angedeutet hatte – bestätigt er –, weiß man jedoch, daß es im Endeffekt für die genuin katholische Moral Handlungen gibt, die keinerlei Vernunft rechtfertigen kann, die eine Ablehnung des Schöpfergottes und somit eine Leugnung des authentischen Heiles des Menschen, seines Geschöpfes, beinhalten. Für das Lehramt hat es immer Fixpunkte gegeben, Grenzmarkierungen, die nicht entfernt oder mißachtet werden können, ohne daß das Band zerrissen wird, das für die christliche Philosophie zwischen dem *Sein* und dem *Guten* besteht. Wenn man dagegen die Autonomie der bloß menschlichen, nunmehr vom Dekalog abgetrennten Vernunft proklamiert, ist man gezwungen, sich nach neuen Fixpunkten umzusehen: Woran soll man sich halten, wie soll man die moralischen Pflichten begründen, wenn sie nicht mehr in der göttlichen Offenbarung, in den Geboten des Schöpfers verwurzelt sind?"

Und dann?

„Und dann ist man bei der sogenannten ‚Zweckmoral' gelandet – oder, wie man in den Vereinigten Staaten, wo sie vor allem entwickelt und verbreitet ist, lieber sagt: – ‚Moral der ‚Konsequenzen', dem *Konsequentialismus*: Nichts ist *in sich* gut oder böse; die Güte eines Aktes hängt einzig von seinem Zweck und von seinen vorhersehbaren und kalkulierbaren Konsequenzen ab. Nachdem man sich aber der Problematik eines derartigen Systems bewußt geworden ist, haben einige Moraltheologen versucht, den ‚Konsequentialismus' zum ‚*Proportionalismus*' abzumildern: Das moralische Handeln hängt ab von der vom Menschen vorgenommenen Einschätzung und Abwägung der Proportion der Güter, die im Spiel sind. Wieder eine individuelle Einschätzung, diesmal also ein Einschätzen der ‚Proportion' zwischen Gut und Böse."

Mir scheint aber, bemerke ich, daß auch die klassische Moral derartige Elemente einbezogen hat: die Einschätzung der Konsequenzen, das Gewicht der im Spiel befindlichen Güter.

„Gewiß – antwortet er –, der Irrtum besteht darin, daß man auf dem ein System errichtet hat, was nur ein Aspekt der traditionellen Moral war, die gewiß nicht – letzten Endes – von der persönlichen Einschätzung des Individuums abhängig war, sondern von der Offenbarung Gottes, von den ‚Gebrauchsanweisungen', die von Ihm objektiv und unauslöschlich in seine Schöpfung eingeschrieben sind. Folglich trägt die Natur und damit gerade auch der

Mensch, sofern er Teil jener geschaffenen Natur ist, ihre Moralität in sich."

Für den Präfekten zieht die Leugnung all dessen verheerende Folgen für den einzelnen und für die gesamte Gesellschaft nach sich. „Wenn wir uns von diesen zunächst in der westlichen Wohlstandswelt entstandenen Systemen abwenden, so entdecken wir, daß auch bei den moralischen Überzeugungen mancher Befreiungstheologien oft eine ‚proportionalistische' Moral im Hintergrund steht: Das ‚absolute Gut' (und das heißt der Aufbau der gerechten, sozialistischen Gesellschaft) wird zur moralischen Norm, die alles übrige rechtfertigt, einschließlich – wenn nötig – der Gewalt, des Tötens, der Lüge. Das ist einer der vielen Aspekte, die zeigen, wie die Menschheit, wenn sie sich aus ihrer Verankerung in Gott löst, den willkürlichsten Konsequenzen verfällt. Die ‚Vernunft' des einzelnen kann dem Handeln von Fall zu Fall die unterschiedlichsten, ungeahntesten und gefährlichsten Ziele vorschlagen. Und das, was als ‚Befreiung' erschien, kehrt sich in sein Gegenteil und offenbart in den Taten ein dämonisches Antlitz. Eigentlich ist dies alles schon recht genau auf den ersten Seiten der Bibel beschrieben. Der Kern der Versuchung für den Menschen und der Kern seines Falls ist hier in das programmatische Wort gefaßt: ‚*Ihr werdet sein wie Gott*' (Gen 3,5). Wie Gott: das heißt frei vom Gesetz des Schöpfers, frei von den Gesetzen der Natur selbst, absolute Herren des eigenen Schicksals. Der Mensch möchte immer wieder nur sein eigener Schöpfer und sein eigener Herr sein. Aber was ihn am Ende eines solchen Weges erwartet, ist gewiß nicht das Paradies."

Die Frau in der Kirche

Die Krise der Moral ist für den Kardinal eng verknüpft mit dem (heute in der Kirche äußerst aktuellen) Thema der Frau und ihrer Rolle.

Das Dokument der Glaubenskongregation, welches das katholische „Nein" zum Frauenpriestertum (das von allen orthodoxen Kirchen geteilt wird – und bis vor kurzem auch von den Anglikanern) bestätigte, trägt die Unterschrift des Vorgängers von Kardinal Ratzinger. Dieser war jedoch als Berater daran beteiligt, und auf meine entsprechende Frage hin bezeichnete er es als „sehr gut vorbereitet, auch wenn es wie alle offiziellen Dokumente etwas trocken ist; es strebt direkt auf das Ergebnis zu, ohne alle einzelnen Schritte, die dorthin führen, mit der nötigen Ausführlichkeit begründen zu können".

Auf jenes Dokument verweist der Präfekt jedoch, um einer Frage nachzugehen, die seiner Ansicht nach oft falsch angesetzt ist. Wenn das Gespräch auf die Frauenproblematik im allgemeinen und auf ihre Rückwirkung auf die Kirche, insbesondere unter den Ordensfrauen, kommt, klingt in seinen Worten ein gewisser Kummer durch: „Gerade die Frau büßt am härtesten für die Folgen der Verworrenheit und der Oberflächlichkeit einer Kultur, die die Frucht männlicher Geisteshaltungen, männlicher Ideologien ist, die die Frau täuschen, sie zutiefst entwurzeln, aber vorgeben, sie befreien zu wollen."

Deshalb sagt er: „Auf den ersten Blick erscheinen die Forderungen des radikalen Feminismus nach einer totalen Gleichstellung von Mann und Frau äußerst edel und jedenfalls vollkommen einsichtig. Es erscheint auch als logisch, daß die Forderung, der Frau sollten ausnahmslos alle Berufe zugänglich sein, sich innerhalb der Kirche in die Frage nach dem Zugang auch zum Priestertum kehrt. Viele halten die Forderung nach der Ordination von Frauen, die Möglichkeit, katholische Priesterinnen zu haben, nicht nur für unbedenklich, sondern sogar für gerechtfertigt: für eine schlichte und unumgängliche Anpassung der Kirche an eine neu gegebene Situation."

Und warum versteift man sich dann auf die Ablehnung? frage ich.

„In Wirklichkeit – so seine Antwort – ist diese Art von ‚Emanzipation' der Frau keineswegs neu. Man vergißt, daß in der antiken Welt alle Religionen auch Priesterinnen hatten. Alle, außer einer: der jüdischen. Das Christentum eröffnet auch hier entsprechend dem ‚skandalös' originären Beispiel Jesu den Frauen eine neue Situation, es gibt ihnen eine Stellung, die gegenüber dem Judentum eine Neuheit darstellt. Aber von diesem übernimmt es das nur männliche Priestertum. Offensichtlich hat die christliche Intuition erfaßt, daß diese Frage nicht zweitrangig ist und daß auch hier die Schrift zu verteidigen (welche weder im Alten noch im Neuen Testament Frauen-Priester kennt) bedeutet, die menschliche Person zu verteidigen, insbesondere jene weiblichen Geschlechts."

Die Verschiedenheit der Geschlechter

Der Sachverhalt bedarf, bemerke ich, einer weiteren Erklärung: Man müßte noch betrachten, in welcher Weise die Bibel und ihre Interpretation durch die Tradition die Frau „gleichstellen" und gleichzeitig vom Priestertum ausschließen wollen.

„Gewiß – räumt er ein –, aber es ist ferner nötig, der Forderung auf den Grund zu gehen, die der radikale Feminismus der heute verbreiteten Kultur entnimmt, nämlich die geschlechtliche Eigenart dadurch zu ‚banalisieren', daß jede Rolle zwischen Mann und Frau austauschbar gemacht wird. Als wir von der Krise der traditionellen Moral sprachen, deutete ich an, daß es eine Reihe fataler Brüche gibt: wie zum Beispiel den Bruch zwischen Sexualität und Zeugung. Wenn die Verbindung zur Fruchtbarkeit abgerissen ist, erscheint das Geschlecht nicht mehr als ein festgelegtes Merkmal, als ein radikales und ursprüngliches Ausgerichtetsein der Person. Mann oder Frau? Das sind Fragen, die für einige bereits als überholt, sinnlos, wenn nicht gar als rassistisch gelten. Die Antwort des gängigen Konformismus läßt sich vorhersehen: Die Frage, ‚ob männlich oder weiblich, ist von geringem Interesse, wir alle sind einfach Menschen'. In Wirklichkeit ist das folgenschwer, auch wenn es zunächst sehr schön und großzügig erscheinen mag: Es bedeutet in der Tat, daß man nicht mehr von einem Verwurzeltsein der Geschlechtlichkeit in der Anthropologie ausgeht, und es bedeutet, daß das Geschlecht nur noch als beliebig austauschbare Rolle gesehen wird."

Und was folgt daraus?

„Daraus ergibt sich mit logischer Notwendigkeit, daß das ganze Sein und das ganze Handeln der menschlichen Person auf reine Funktionalität reduziert werden, auf die reine Rolle: je nach Regime zum Beispiel auf die Rolle des ‚Verbrauchers' oder die Rolle des ‚Arbeiters'; jedenfalls auf etwas, das nicht direkt das jeweilige Geschlecht betrifft. Es ist kein Zufall, daß es unter den Befreiungskämpfen in diesen Jahren auch jenen gegeben hat, der ‚Sklaverei der Natur' zu entkommen, indem man das Recht fordert, nach Belieben männlich oder weiblich zu werden, zum Beispiel auf chirurgischem Weg, und indem man verlangt, daß der Staat in seinen Melderegistern diesen autonomen Willen des Individuums zur Kenntnis nimmt. Dabei muß man beachten, daß die sogenannte Geschlechtsumwandlung an der genetischen Bestimmtheit der betreffenden Person nichts ändert; sie ist nur ein äußerliches Artefakt, mit dem man Probleme nicht löst, sondern nur Fiktionen aufbaut. Und es ist kein Zufall, daß sich die Gesetze sofort einer solchen Forderung angepaßt haben. Wenn alles nur kulturell und geschichtlich bedingte ‚Rolle' ist, und nicht natürliche, in der Tiefe der Person eingeprägte Besonderheit, ist auch die Mutterschaft eine bloß zufällige Funktion: Und *de facto* empfinden einige feministische Kreise es als ‚ungerecht', daß allein die Frau gezwungen ist, zu gebären und zu stillen. Und nicht nur das Gesetz, sondern auch die Wissenschaft kommen dabei zu Hilfe: indem sie einen Mann in eine Frau umwandelt und umgekehrt, wie wir es bereits erlebt haben; oder indem sie die Fruchtbarkeit von der Sexualität ablöst, mit dem Ziel, mit Hilfe technischer Manipulationen nach Belieben Befruchtungen zu ermöglichen. Sind wir nicht etwa alle gleich? Folglich kämpft man auch gegen die ‚Ungleichheit' der Natur. Aber gegen die Natur kann man nicht kämpfen, ohne dabei verheerendste Folgen in Kauf zu nehmen. Die unantastbare Gleichheit zwischen Mann und Frau schließt die Verschiedenheit nicht aus, im Gegenteil, sie fordert sie."

Die Sprache der Natur

Kommen wir von der allgemeinen Problematik zu dem, was uns am meisten interessiert. Was geschieht, wenn diese Denkrichtungen in den religiösen, den christlichen Bereich Eingang finden?

„Dann passiert es, daß die Austauschbarkeit der Geschlechter, die als bloße, mehr geschichtlich als naturhaft bedingte ‚Rollen' verstanden werden, und die Banalisierung des Männlichen und des Weiblichen die Gottesvorstellung selbst tangieren und sich von dort auf die gesamte religiöse Wirklichkeit ausbreiten."

Aber es scheint doch tatsächlich auch für einen Katholiken annehmbar zu sein (und ein Papst hat kürzlich daran erinnert), daß Gott jenseits der Kategorien seiner Schöpfung steht; also ist er sowohl Vater als auch Mutter.

„In der Tat – antwortet er –, dies ist korrekt, sofern wir uns auf einen rein philosophischen, abstrakten Standpunkt stellen. Aber das Christentum ist keine philosophische Spekulation, es ist keine Konstruktion unseres Geistes. Das Christentum ist nicht ‚unser' Werk, es ist eine *Offenbarung*, es ist eine Botschaft, die uns übergeben ist, und wir haben nicht das Recht, sie nach Belieben umzugestalten. Folglich sind wir nicht autorisiert, das *‚Vater unser'* in ein *‚Mutter unser'* zu verwandeln: Der von Jesus verwendete Symbolismus ist nicht umkehrbar, er ist auf die Beziehung Mensch – Gott gegründet, die uns zu offenbaren er gekommen ist. Noch weniger ist es zulässig, Christus durch eine andere Gestalt zu ersetzen. Aber was der radikale Feminismus – bisweilen auch jener, der vorgibt, sich auf das Christentum zu beziehen – nicht bereit ist zu akzeptieren, ist gerade dies: die exemplarische, universale, unveränderliche Beziehung zwischen Christus und dem Vater."

Wenn dies die gegensätzlichen Positionen sind, bemerke ich, erscheint ein Dialog unmöglich.

„Ich bin in der Tat überzeugt – sagt er –, daß das, wohin der Feminismus in seiner radikalen Form treibt, nicht mehr das Christentum ist, das wir kennen, es ist eine andere Religion. Aber ich bin auch überzeugt (wir beginnen die tiefen Gründe des biblischen Standpunktes zu sehen), die katholische Kirche und die Ostkirchen werden ihren

Glauben und ihr Priesterverständnis verteidigen, und sie verteidigen dadurch in Wirklichkeit sowohl die Männer als auch die Frauen in ihrer Gesamtheit, wie in ihrer irreversiblen Unterschiedenheit in männlich und weiblich; folglich in ihrer Nichtreduzierbarkeit auf eine bloße Funktion oder Rolle."

„Im übrigen – fährt er fort – gilt auch hier, was zu wiederholen ich nicht müde werde: Für die Kirche ist die *Sprache der Natur* (in unserem Fall die einander ergänzenden und gleichzeitig sehr wohl unterschiedenen Geschlechter) *auch die Sprache der Moral* (Mann und Frau sind zu gleichermaßen erhabenen und gleichermaßen ewigen, aber gleichzeitig unterschiedlichen Schicksalen berufen). Eben im Namen der Natur – hingegen mißtraut bekanntlich diesem Verständnis die protestantische Tradition und in ihrer Folge die der Aufklärung – erhebt die Kirche ihre Stimme gegen die Versuchung, die Personen und ihr Schicksal nach rein menschlichen Plänen zu entwerfen und ihnen die Individualitität und mit ihr die Würde zu nehmen. Das Biologische zu achten bedeutet, Gott selbst zu achten und folglich seine Geschöpfe zu schätzen."

Auch dies – für Ratzinger Frucht „des begüterten Westens und seines intellektuellen *Establishments*" – verkündigt der radikale Feminismus als „eine Befreiung, das heißt als ein Heil, das ein anderes ist als das christliche, wenn nicht sein Gegenteil". Jedoch er mahnt: „Die Männer und vor allem die Frauen, die die Früchte dieses angeblichen nachchristlichen Heils vor sich haben, müssen sich realistisch fragen, ob dies alles auch wirklich ein Mehr an Glück, ein größeres Gleichgewicht, eine lebendige Synthese bedeutet, die reicher ist als jene, die als überholt aufgegeben wurde."

Ihrer Ansicht nach trügt somit der Schein, sage ich: Anstatt von der im Gang befindlichen „Revolution" mit Wohltaten bedacht zu sein, wären die Frauen ihr Opfer?

„Ja – antwortet er –, gerade die Frau bezahlt am meisten. Mutterschaft und Jungfräulichkeit (die beiden hohen Werte, in denen sie ihre tiefste Berufung verwirklicht) sind zu Werten geworden, die den vorherrschenden entgegengesetzt sind. Die Frau, die im wahrsten Sinn des Wortes schöpferisch ist, da sie das Leben weitergibt, ‚produziert' es jedoch nicht in jenem technischen Sinn, der als einziger in einer Gesellschaft etwas gilt, die in ihrem Kult der Effektivität mehr denn je eine männliche ist. Man überzeugt sie, daß man sie ‚befreien', ‚emanzipieren' wolle, indem man sie gleichzeitig dazu bewegt, sich zu vermännlichen, und sie so an die Kultur der Produktion angleicht; man unterwirft sie der Kontrolle der männlichen Gesellschaft der Techniker, der Verkäufer und der Politiker, die nach Profit und Macht streben, wobei sie alles für die eigenen Ziele organisieren, alles vermarkten, alles instrumentalisieren. Indem man behauptet, die geschlechtliche Eigenart sei in Wirklichkeit zweitrangig (und indem man folglich gerade den Leib als Inkarnation des Geistes in ein geschlechtliches Wesen negiert), wird die Frau nicht nur der Mutterschaft beraubt, sondern auch der freien Wahl der Jungfräulichkeit: Dennoch, wie der Mann nicht ohne sie zeugen kann, so kann er auch nicht jungfräulich sein, wenn er nicht die Frau ‚nachahmt'. So hat diese auch auf diesem Weg für die andere Seite des Menschseins einen überaus hohen Wert als ‚Zeichen', als ‚Beispiel'."

Klösterliches Leben

Wie steht es, fragte ich, mit jener vielfältigen und komplizierten (für die Augen eines Mannes, vor allem wenn er Laie ist, oft ein wenig undurchdringlichen) Welt, nämlich der Welt der Ordensfrauen: Schwestern, Nonnen und all derer, die sich Gott geweiht haben?

„Auch in weibliche religiöse Gemeinschaften – antwortet er – hat eine feministische Denkweise Einzug gehalten, besonders augenfällig bis in die extremsten Formen im nordamerikanischen Kontinent. Hingegen haben die Klausurklöster, die kontemplativen Orden, ziemlich gut standgehalten, weil sie eher vor dem Zeitgeist geschützt sind und weil sie durch ein klares und unveränderliches Ziel gekennzeichnet sind: das Lob Gottes, das Gebet, die Jungfräulichkeit und durch die Abgeschiedenheit von der Welt als einem eschatologischen Zeichen. In einer schweren Krise befinden sich dagegen aktive Orden und Kongregationen: die Entdeckung der Berufstätigkeit, das Konzept der ‚sozialen Fürsorge', das jenes der ‚Nächstenliebe' ersetzt hat, die oft kritiklose und mitunter begeisterte Anpassung an neue und bisher unbekannte Werte der modernen säkularen Gesellschaft, der bisweilen ungefilterte Einzug von Psychologien und Psychoanalysen verschiedener Richtungen in die Klöster: All dies hat zu brennenden Identitätsproblemen und bei vielen Frauen zum Wegfall der ausreichenden Motivationen für das Ordensleben geführt. Bei einem Besuch in einer katholischen Buchhandlung in Südamerika bemerkte ich, daß dort (und nicht nur dort) die geistlichen Traktate von einst durch die weitverbreiteten Handbücher der Psychoanalyse ersetzt waren; die Theologie hat vielfach der Psychologie den Platz geräumt, womöglich der gerade gängigsten. Dann der fast unwiderstehliche Reiz von allem Östlichen oder vermeintlich Östlichen: In manchen Männer- und Frauenklöstern hat das Kreuz bisweilen Symbolen der asiatischen religiösen Tradition weichen müssen. Verschwunden sind mancherorts auch die früheren Andachten, um Yoga- oder Zentechniken Platz zu machen."

Es ist bemerkt worden, und wir haben davon gesprochen, daß viele Ordensmänner versucht haben, die Identitätskrise dadurch zu lösen, daß sie sich *nach außen* verlagerten entsprechend dem bekannten männlichen Streben – und „Befreiung" in der Gesellschaft, in der Politik suchten. Viele Ordensfrauen dagegen scheinen sich *nach innen* zu verlagern (wobei auch sie hier einer geschlechtsspezifischen Dialektik folgen), indem sie dieselbe „Befreiung" in der Tiefenpsychologie suchen.

„Ja – sagt er –, man hat sich mit großem Vertrauen jenen profanen Beichtvätern zugewandt, jenen ‚Experten der Seele', die die Psychologen und Psychoanalytiker angeblich sind. Aber diese können höchstens sagen, *wie* die Kräfte des Geistes wirken, sie können nicht sagen *warum, zu welchem Ziel*. Nun, die Krise vieler Schwestern, vieler Ordensfrauen war gerade durch den Umstand bedingt, daß ihr Geist im Leeren zu arbeiten und keine erkennbare Richtung mehr zu haben schien. Gerade bei diesen andauernden Analysen ist klar zum Vorschein gekommen, daß die ‚Seele' sich nicht aus sich selbst erklärt, daß sie einen Bezugspunkt außerhalb ihrer selbst braucht. Es handelte sich sozusagen um eine ‚wissenschaftliche' Bestätigung der leidenschaftlichen Feststellung des heiligen Augustinus: ‚Du hast uns auf dich hin geschaffen, und unser Herz ist unruhig, bis es Ruhe findet in dir.' Dieses Suchen und Experimentieren, in dem man sich oft selbsternannten ‚Experten' anvertraute, hat zu unabsehbaren menschlichen Belastungen geführt, jedenfalls zu sehr großen für die Ordensfrauen: sowohl für jene, die geblieben sind, als auch für jene, die ausgetreten sind."

Eine Zukunft ohne Ordensschwestern?

Es gibt einen aktuellen und eingehenden Bericht über die Ordensfrauen von Quebec, der französischsprachigen Provinz von Kanada. Quebec ist ein exemplarischer Fall: Es handelt sich in der Tat um die einzige Zone von Nordamerika, die von Anfang an von Katholiken kolonisiert und evangelisiert worden ist, welche dort eine christliche Regierung errichtet hatten, die von einer allgegenwärtigen Kirche geleitet wurde. Tatsächlich war noch vor zwanzig Jahren, zu Beginn der sechziger Jahre, Quebec die Region mit den meisten Ordensfrauen, bezogen auf die Einwohnerzahl von sechs Millionen. Zwischen 1961 und 1981 sind die Ordensfrauen infolge von Austritten, Todesfällen und Stagnation des Nachwuchses von 46933 auf 26294 zurückgegangen. Also ein Schwund um 44 Prozent, und es ist noch kein Ende in Sicht. Die neuen Berufungen sind im gleichen Zeitabschnitt immerhin um gut 98,5 Prozent zurückgegangen. Es kommt dann noch dazu, daß der Großteil jener verbleibenden 1,5 Prozent sich nicht aus sehr jungen Leuten, sondern aus „Spätberufenen" zusammensetzt, so daß sich aufgrund einer einfachen Hochrechnung alle Soziologen in einer düsteren, aber objektiven Prognose einig sind: „In Kürze (es sei denn, die Tendenz schlägt um, was jedoch, zumindest menschlich gesehen, völlig unwahrscheinlich ist) werden die Frauenorden, wie wir sie kennen, in Kanada nur mehr eine Erinnerung sein."

Dieselben Soziologen, die den Bericht erarbeitet haben, beschreiben, wie in diesen zwanzig Jahren alle Gemeinschaften jede nur denkbare Art Reform begonnen haben: Abschaffung der Ordenstracht, individuelles Gehalt, Studienabschlüsse an weltlichen Universitäten, Eingliederung in weltliche Berufe, massive Unterstützung durch „Spezialisten" jeder Art. Und dennoch sind die Schwestern weiterhin ausgetreten, und neue sind nicht gekommen; jene, die geblieben sind – Durchschnittsalter um die sechzig – scheinen oft mit den Identitätsproblemen nicht fertig geworden zu sein, und manche erklären, sie würden resigniert das Aussterben ihrer Kongregation erwarten.

Das *Aggiornamento*, auch das mutigste, war notwendig, aber es scheint nicht funktioniert zu haben, zumindest nicht in Nordamerika, auf das sich Ratzinger hier besonders bezieht. Hat man vielleicht die Warnung des Evangeliums vergessen und versucht, *„neuen Wein"* in *„alte Schläuche"*, das heißt in Gemeinschaften zu füllen, die in einem anderen geistlichen Klima entstanden und somit Kinder einer *societas christiana* sind, die nicht mehr die unsere ist? Bedeutet folglich das Ende *eines* religiösen Lebens vielleicht noch nicht das Ende *des* religiösen Lebens, das sich in neuen, unserer Zeit mehr entsprechenden Formen inkarnieren wird?

Der Präfekt schließt das gewiß nicht aus, auch wenn das Beispiel von Quebec bestätigt, daß die der gegenwärtigen Denkweise scheinbar am meisten entgegengesetzten und für Änderungen am wenigsten empfänglichen Orden, die kontemplativen Klausurorden, „höchstens einige Probleme verzeichnet, aber keine wirkliche Krise erfahren haben", um bei den Worten der Soziologen zu bleiben.

Wie dem auch sei, der Kardinal meint: „Wenn die Frau den größten Preis an die neue Gesellschaft und ihre Werte zu zahlen hat, sind die Schwestern unter allen Frauen die am meisten betroffenen." Indem er noch einmal auf das vorhin Angedeutete zurückkommt, bemerkt er: „Der Mann, auch der Ordensmann, hat trotz der bekannten Probleme einen Ausweg aus der Krise schaffen können, indem er sich in die Arbeit stürzte, wobei er versucht hat, seine Rolle in der Aktivität neu zu entdecken. Was aber soll die Frau machen, wenn die Rollen, die in ihre eigene Biologie eingeschrieben sind, geleugnet und vielleicht sogar lächerlich gemacht werden? Wenn ihre wunderbare Fähigkeit, Liebe, Hilfe, Trost, Wärme, Solidarität zu spenden, von der ökonomistischen und gewerkschaftlichen Mentalität des ‚Berufs'lebens, von dieser typisch männlichen Sorge ersetzt worden ist? Was kann die Frau machen, wenn das, was am meisten das ihre ist, für irrelevant oder abwegig erklärt wird?" Er fährt fort: „Der Aktivismus, der Wille, auf jeden Fall ‚Produktives', ‚Bedeutsames‘ zu leisten, ist die beständige Versuchung des Mannes, auch des Ordensmannes. Und gerade dies ist die Grundrichtung in den Ekklesiologien (wir sprachen davon), welche die Kirche als ein engagiertes ‚Volk Gottes‘ darstellen, das eifrig damit beschäftigt ist, das Evangelium in ein Aktionsprogramm mit sozialen, politischen und kulturellen Zielsetzungen umzusetzen. Aber es ist kein Zufall, wenn das Wort ‚Kirche‘ weiblichen Geschlechts ist. In ihr lebt in der Tat das Mysterium der Mutterschaft, des Sich-Verdankens, der Kontemplation, der Schönheit, kurz der Werte, die für die Augen der profanen Welt als unnütz erscheinen. Vielleicht ohne sich der Gründe voll bewußt zu sein, spürt die Ordensfrau das tiefe Unbehagen, in einer Kirche zu leben, in der das Christentum auf eine Ideologie des Machens verkürzt ist, entsprechend jener streng maskulinen Ekklesiologie, die auch den Frauen und ihren ‚modernen‘ Bedürfnissen entgegenkommen will – was vielleicht auch geglaubt wird. Hingegen ist sie das Projekt einer Kirche, in der kein Platz mehr für die mystische Erfahrung ist, für diesen Gipfel des religiösen Lebens, der nicht zufällig zum Kostbarsten zählt, was Jahrhunderte hindurch in ungebrochener Beständigkeit und Fülle mehr von Frauen als von Männern gelebt wurde; von jenen außergewöhnlichen Frauen, die die Kirche zu ihren ‚Heiligen‘ und bisweilen sogar zu ihren ‚Lehrern‘ erhoben hat, ohne zu zögern, sie allen Christen als Beispiel hinzustellen. Ein Beispiel, das heute vielleicht von besonderer Aktualität ist.“

Zu Maria zurückkehren

Im Hinblick auf die Krise im Kirchenverständnis, die Krise der Moral und die Krise der Frau rät der Präfekt unter anderem zu einem Heilmittel, „das seine Wirksamkeit all die Jahrhunderte hindurch konkret gezeigt hat.

Ein Mittel, dessen Ansehen heute bei manchen Katholiken getrübt erscheint, das aber mehr denn je aktuell ist". Es ist ein Mittel, das er mit einem kurzen Namen benennt: *Maria.*

Ratzinger ist sich sehr wohl bewußt, daß gerade die Mariologie einen Aspekt des Christentums darstellt, zu dem, wenngleich er vom II. Vatikanum als Gipfel der dogmatischen Konstitution über die Kirche bekräftigt worden ist, bestimmte Kreise nur schwer wieder einen Zugang finden. „Indem das II. Vatikanum das Mysterium von Maria in das Mysterium der Kirche eingebettet hat, hat es eine bedeutsame Entscheidung getroffen, die den theologischen Forschungen hätte einen neuen Auftrieb geben können. Statt dessen hatten sie in der ersten Zeit nach dem Konzil einen plötzlichen Niedergang zu verzeichnen, gleichsam einen Kollaps, auch wenn jetzt Zeichen einer Neubelebung sichtbar werden."

Im Jahre 1968, 18 Jahre nach der Proklamation des Dogmas von der Aufnahme Mariens mit Leib und Seele in die himmlische Herrlichkeit, bemerkte der damalige Professor Ratzinger rückblickend: „Die Grundstimmung, aus der wir leben, ist eine andere geworden, so daß wir heute kaum noch jene Begeisterung und Freude begreifen können, die damals in weiten Teilen der katholischen Kirche herrschte. (...) Seitdem hat sich vieles geändert, und heute steht uns jenes Dogma, das uns damals solchermaßen erhoben hat, eher im Weg. Wir fragen uns, ob wir damit nicht unseren evangelischen Mitchristen unnötige Hindernisse auf dem Weg zur Wiedervereinigung bereitet haben; ob nicht sehr vieles leichter wäre, wenn dieser Stein nicht auf dem Wege läge, den wir in einer so kurz zurückliegenden Vergangenheit selber erst aufgerichtet haben. Wir fragen uns auch, ob durch ein solches Dogma nicht vielleicht die Richtung der christlichen Frömmigkeit bedroht wird. Wird sie nicht, anstatt auf Gott den Herrn hinzuschauen und auf den einen Mittler Jesus Christus, der als Mensch unser Bruder und zugleich so eins mit Gott ist, daß er selber Gott ist, abgelenkt?"

„Trotzdem – sagte er mir dann während des Gespräches –, wenn der Platz, den Maria einnimmt, seit jeher für das Gleichgewicht des Glaubens wesentlich gewesen war, ist heute die Wiederentdeckung jenes Ortes dringlich wie in nur wenigen anderen Epochen der Kirchengeschichte."

Ratzingers Zeugnis ist auch menschlich von Bedeutung, da es von einem persönlichen Weg getragen ist, auf dem er das Geheimnis Mariens wiederentdeckt und nach und nach vertieft hat, fast im Sinne einer völligen „Bekehrung". So vertraut er mir an: „Als junger Theologe vor Beginn (und wohl auch noch während) des Konzils hatte ich, wie es vielen ging und heute noch geht, einige Vorbehalte gegenüber bestimmten alten Formeln, wie zum Beispiel gegenüber jener berühmten *de Maria numquam satis*, ‚über Maria kann man nie genügend sagen'. Sie schien mir übertrieben. Es war für mich dann schwer, den wahren Sinn eines anderen berühmten Ausspruchs zu verstehen (der in der Kirche seit den ersten Jahrhunderten im Umlauf war, als – nach einem denkwürdigen Disput – das Konzil von Ephesus 431 Maria zur *Theotókos*, zur Mutter Gottes erklärt hatte), der Ausspruch nämlich, der die Jungfrau als ‚Überwinderin aller Häresien' bezeichnet. Erst jetzt – in dieser verworrenen Zeit, in der wirklich jede Art von häretischer Abweichung an die Türen des authentischen Glaubens dringt – verstehe ich, daß es sich nicht um fromme Übertreibungen handelte, sondern um Wahrheiten, die mehr denn je gültig sind."

„Ja – fährt er fort –, es ist nötig, zu Maria zurückzukehren, wenn wir zu jener ‚Wahrheit über Jesus Christus', ‚Wahrheit über die Kirche' und ‚Wahrheit über den Menschen' zurückkehren wollen, die Johannes Paul II. der gesamten Christenheit als Programm vorschlug, als er 1979 in Puebla die Lateinamerikanische Bischofskonferenz eröffnete. Die Bischöfe antworteten auf den Vorschlag des

Papstes dadurch, daß sie in den Abschlußdokumenten (gerade in jenen, die von einigen nur unvollständig gelesen wurden) ihr einmütiges Anliegen zum Ausdruck brachten: ‚Maria muß mehr denn je *die Pädagogik* sein, um das Evangelium den Menschen heute zu verkündigen.' Gerade in jenem Kontinent, wo die traditionelle marianische Volksfrömmigkeit im Schwinden ist, wird das entstehende Vakuum von politischen Ideologien aufgefüllt. Dieses Phänomen läßt sich in etwa überall feststellen, und es bestätigt die Wichtigkeit jener Frömmigkeit, die mehr als Frömmigkeit, nämlich Vollzug von Wahrheit ist."

Sechs Schwerpunkte der Lehre über Maria

Der Kardinal nennt sechs Punkte, in denen er – wenn auch sehr gerafft und folglich notwendigerweise bruchstückhaft – die Bedeutung Mariens in bezug auf das Gleichgewicht und die Vollständigkeit des katholischen Glaubens zusammengefaßt sieht.

„*Erster Punkt*: Wenn man Maria den vom Dogma und der Tradition umschriebenen Platz zuerkennt, steht man fest verwurzelt in der ursprünglichen Christologie (II. Vatikanum: ‚Indem die Kirche über Maria in frommer Erwägung nachdenkt und sie im Licht des menschgewordenen Wortes betrachtet, *dringt sie verehrend in das erhabene Geheimnis der Menschwerdung tiefer ein* und wird ihrem Bräutigam mehr und mehr gleichgestaltet', *Lumen gentium*, Art. 65). Die Kirche hat übrigens im direkten Dienst des Glaubens an Christus – nicht also in erster Linie aus Ergebenheit der Mutter gegenüber – ihre marianischen Dogmen verkündet: erst die immerwährende Jungfräulichkeit und die Gottesmutterschaft und dann, nach einer langen Zeit des Reifens und des Nachdenkens, die Erbsündelosigkeit und die leibliche Aufnahme Mariens in die himmlische Herrlichkeit. Diese Dogmen schützen den ursprünglichen Glauben an Christus als wahren Gott und wahren Menschen: zwei Naturen in einer einzigen Person. Sie sichern auch die unaufgebbare eschatologische Spannung, indem sie in der Aufnahme Mariens auf die Bestimmung der uns alle erwartenden Unsterblichkeit verweisen. Und sie schützen auch den – gegenwärtig bedrohten – Glauben an Gott, den Schöpfer, der (und dies ist unter anderem die Bedeutung der heute weniger denn je verstandenen Wahrheit über die immerwährende Jungfräulichkeit Mariens) auch frei in die Materie hineinwirken kann. Schließlich *vereinigt* Maria, wie wiederum das Konzil erinnert, ‚da sie zuinnerst in die Heilsgeschichte eingegangen ist, *gewissermaßen die größten Glaubensgeheimnisse in sich und strahlt sie wider*' (*Lumen gentium*, Art. 65)."

Diesem ersten Punkt folgt ein *zweiter*: „Die Mariologie der Kirche schließt die rechte Beziehung, die notwendige Integration von Schrift und Tradition ein: Die *vier* marianischen Dogmen haben ihre klare Grundlage in der Heiligen Schrift. Aber es handelt sich dort gleichsam um einen Keim, der wächst und Frucht trägt im Leben der Tradition, wie es in der Liturgie, im Empfinden des gläubigen Volkes und in der Reflexion der vom Lehramt geführten Theologie zum Ausdruck kommt."

Dritter Punkt: „Gerade in ihrer Person als einem jüdischen Mädchen, das Mutter des Messias geworden ist, bindet Maria lebendig und unlösbar das alte und neue Volk Gottes in eins: Israel und das Christentum, Synagoge und Kirche. Sie ist gleichsam das Bindeglied, ohne das der Glaube (wie es heute geschieht) Gefahr läuft, dadurch das Gleichgewicht zu verlieren, daß man entweder das Neue Testament ins Alte zurücknimmt oder sich des Alten Testaments entledigt. In ihr können wir dagegen die Einheit der gesamten Heiligen Schrift leben."

Vierter Punkt: „Die rechte Marienverehrung sichert dem Glauben das gemeinsame Bestehen von unerläßlicher ‚Vernunft' und den ebenso unerläßlichen ‚Gründen des Herzens', wie Pascal sagen würde. Für die Kirche ist der Mensch weder bloß Verstand noch bloß Gefühl, er ist die Einheit dieser beiden Dimensionen. Der Kopf muß mit Klarheit reflektieren, aber das Herz muß Wärme verspüren können: Die Marienverehrung (die ‚sich ebenso jeder falschen Übertreibung wie zu großer Geistesenge bei der Betrachtung der einzigartigen Würde der Gottesmutter' enthält, wie das Konzil nahelegt) sichert so dem Glauben seine volle menschliche Dimension."

In seiner Synthese fortfahrend, nennt Ratzinger einen *fünften Punkt*: „Um gerade die Formulierungen des II. Vatikanums zu gebrauchen, ist Maria ‚Gestalt', ‚Bild' und ‚Modell' der Kirche. Im Hinschauen auf sie ist die Kirche vor dem genannten vermännlichten Bild geschützt, das in ihr ein Instrument für ein gesellschaftspolitisches Aktionsprogramm sieht. In Maria, in ihrer Gestalt und ihrem Vorbild, findet die Kirche ihr eigenes Antlitz als Mutter wieder und kann nicht zur Kompliziertheit einer Partei, einer Organisation oder einer Pressure group im Dienst menschlicher, wenn auch sehr edler Interessen verkommen. Wenn in manchen Theologien und Ekklesiologien Maria keinen Platz mehr findet, liegt der Grund dafür auf der Hand: Sie haben den Glauben auf ein Abstraktum reduziert. Und ein Abstraktum braucht keine Mutter."

Sechster und letzter Punkt dieser Synthese: „Mit ihrer gleichzeitigen Bestimmung zum Jungfrau- und zum Muttersein fällt von Maria her beständig ein Licht auf das, was der Schöpfer mit der Frau zu jeder Zeit vorhat, unsere Zeit mit eingeschlossen, oder, besser gesagt, vielleicht gerade in unserer Zeit, in der das Wesen der Weiblichkeit bekanntlich bedroht ist. Durch ihre Jungfräulichkeit und ihre Mutterschaft erhält das Mysterium der Frau eine sehr hohe Bestimmung, aus der sie nicht herausgerissen werden kann. Maria verkündet unerschrocken das *Magnificat*, aber sie ist auch diejenige, die die Stille und die Verborgenheit fruchtbar werden läßt; sie ist diejenige, die sich nicht scheut, unter dem Kreuz zu stehen; sie ist bei der Entstehung der Kirche zugegen. Aber sie ist es auch, die, wie der Evangelist mehrmals hervorhebt, ‚in ihrem Herzen bewahrt und erwägt', was sie hört und erfährt. Als Geschöpf des Mutes und des Gehorsams war und ist sie noch immer ein Beispiel, auf das jeder Christ – Mann und Frau – schauen kann und soll."

Fatima und die Marienerscheinungen

Einer der vier Sektionen der Glaubenskongregation (der sogenannten Disziplinarabteilung) kommt die Aufgabe zu, die Marienerscheinungen zu beurteilen.

Ich frage: Herr Kardinal, haben Sie das sogenannte „dritte Geheimnis von Fatima" gelesen, jenes, das Schwester Lucia, die einzige noch Lebende aus der Gruppe der Seher, Papst Johannes XXIII. übermittelte, der es, nachdem er es geprüft hatte, Ihrem Vorgänger, Kardinal Ottaviani, mit dem Auftrag übergab, es in den Archiven des Heiligen Offiziums zu verwahren?

Seine Antwort lautet, spontan und trocken: „Ja, ich habe es gelesen."

In der Welt – erwidere ich – kursieren nie dementierte Gerüchte, die die Inhalte jenes „Geheimnisses" als beunruhigend, apokalyptisch, als Ankündigung schrecklicher Leiden schildern. Johannes Paul II. selbst hat offenbar auf seinem Pastoralbesuch in Deutschland (wenn auch mit vorsichtigen Umschreibungen, privat in einem erlesenen Kreis) die gewiß nicht trostvollen Inhalte jenes Textes bestätigt. Bereits vor ihm hat wohl auch Paul VI. auf seiner Pilgerreise nach Fatima die „apokalyptischen" Themen des „Geheimnisses" angedeutet. Warum hat man sich nie zu einer Veröffentlichung entschlossen, gerade auch um gewagten Spekulationen entgegenzuwirken?

„Wenn bis jetzt diese Entscheidung nicht getroffen wurde – antwortet er –, dann nicht etwa deshalb, weil die Päpste etwas Schreckliches verbergen wollen."

Dann gibt es also „etwas Schreckliches" in jenem Manuskript von Schwester Lucia, insistiere ich.

„Wenn es auch so wäre – erwidert er, indem er es vermeidet, weiter einzudringen –, nun gut, dies würde nur den schon bekannten Teil der Botschaft von Fatima bestätigen. Von jenem Ort aus ist ein ernstes, gegen die vorherrschende Leichtfertigkeit gerichtetes Signal ergangen, eine Mahnung in bezug auf den Ernst des Lebens, der Geschichte, und in bezug auf die Gefahren, die die Menschheit bedrohen. Es ist das, woran Jesus selbst sehr oft erinnert, indem er sich nicht scheut zu sagen: ‚Wenn ihr euch nicht bekehrt, werdet ihr alle umkommen' (Lk 13,3). Die Bekehrung – und Fatima ruft es voll in Erinnerung – ist eine beständige Forderung an das christliche Leben. Wir müßten es bereits von der gesamten Heiligen Schrift her wissen."

Gibt es also keine Veröffentlichung, zumindest nicht jetzt?

„Der Heilige Vater ist der Ansicht, daß es dem nichts Neues hinzufügen würde, was ein Christ aus der Offenbarung und auch aus den von der Kirche anerkannten Marienerscheinungen mit ihren bekannten Inhalten her wissen muß, die die Dringlichkeit von Buße, Bekehrung, Vergebung, Fasten nur bestätigen. Würde man das ‚dritte Geheimnis' veröffentlichen, so würde man sich auch der Gefahr aussetzen, daß der Inhalt für Sensationen mißbraucht wird."

Vielleicht auch politischen Implikationen, wage ich in Anbetracht der Tatsache zu sagen, daß offenbar auch hier – wie in den anderen beiden „Geheimnissen" – Rußland erwähnt ist?

An diesem Punkt jedoch erklärt der Kardinal, daß er nicht in der Lage sei, weiter einzudringen, er weigert sich mit Nachdruck, auf andere Besonderheiten einzugehen. Andererseits hatte zur Zeit unseres Gespräches der Papst wiederum die Welt (mit einer besonderen Bezugnahme auf Osteuropa) dem Unbefleckten Herzen Mariens geweiht, genau der Aufforderung der Muttergottes von Fatima entsprechend. Und derselbe Johannes Paul II. begab sich, von seinem Attentäter an einem 13. Mai – dem Jahrestag der ersten Erscheinung in der portugiesischen Ortschaft – verwundet, auf eine Pilgerreise nach Fatima, um Maria zu danken, „deren Hand auf wunderbare Weise das Geschoß gelenkt hat", und er schien sich auf die Vorankündigungen zu beziehen, die durch eine Gruppe von Kindern der Menschheit mitgeteilt worden waren und die auch die Päpste persönlich betrafen.

Um beim Thema zu bleiben, es ist wohl bekannt, daß bereits seit Jahren ein Dorf in Jugoslawien, Medjugorje, im Zentrum der Weltöffentlichkeit steht wegen der wiederholten „Erscheinungen", die – mögen sie wahr sein oder nicht – schon Millionen von Pilgern angezogen, aber auch zu bedauerlichen Konflikten zwischen den Franziskanern, die die Pfarrei leiten, und dem Bischof der Ortsdiözese geführt haben. Ist ein klärendes Wort der Glaubenskongregation, der obersten Instanz in dieser Sache, zu erwarten, natürlich mit der für jedes ihrer Dokumente erforderlichen päpstlichen Approbation?

Er antwortet: „Auf diesem Feld ist mehr denn je die Geduld ein Grundsatz der Politik unserer Kongregation.

Keine Erscheinung ist glaubensnotwendig; die Offenbarung ist mit Jesus Christus abgeschlossen. Er selbst ist die Offenbarung. Aber wir können Gott gewiß nicht daran hindern, in diese unsere Zeit hinein durch einfache Personen und auch durch außergewöhnliche Zeichen zu sprechen, die auf die Unzulänglichkeit der uns beherrschenden, von Rationalismus und Positivismus geprägten Kulturen hindeuten. Die Erscheinungen, die die Kirche offiziell anerkannt hat – vor allem Lourdes und dann Fatima –, haben einen klar umgrenzten Ort in der Entwicklung des kirchlichen Lebens im letzten Jahrhundert. Sie zeigen unter anderem, daß die Offenbarung – obwohl sie einmalig, abgeschlossen und folglich unüberbietbar ist – nicht etwas Totes ist, sondern etwas Lebendiges und Vitales. Im übrigen – von Medjugorje zunächst abgesehen, über das ich keinerlei Urteil abgeben kann, da sich der Fall noch in der Überprüfung befindet – ist eines der Zeichen unserer Zeit, daß sich die Meldungen über ‚Marienerscheinungen' in der ganzen Welt häufen. Zum Beispiel erreichen auch aus Afrika und aus anderen Kontinenten unsere Disziplinarabteilung entsprechende Berichte."

Aber, frage ich, auf welche anderen Kriterien außer der Geduld und der Vorsicht stützt sich angesichts der Häufung dieser Fakten die Kongregation in ihrem Urteil?

„Eines unserer Kriterien ist – sagt er –, daß wir den Gesichtspunkt der wirklichen oder vermuteten ‚Übernatürlichkeit' der Erscheinung von jenem ihrer geistlichen Früchte trennen. Die Wallfahrten der alten Christenheit konzentrierten sich oft auf Orte, über die unser moderner kritischer Geist bisweilen entsetzt wäre, gerade was die wissenschaftliche Richtigkeit der daran geknüpften Tradition betrifft. Das hindert nicht, daß jene Wallfahrten fruchtbar, segensreich, heilsam und wichtig für das Leben des christlichen Volkes waren. Das Problem ist nicht so sehr jenes der modernen Hyperkritik (die übrigens letztlich in einer Form neuer Gläubigkeit landet), sondern besteht in der Bewertung der Lebendigkeit und der Rechtgläubigkeit des religiösen Lebens, das sich um diese Orte herausbildet."

Eine Spiritualität für unsere Zeit

Mögen sie wahr sein oder nicht, die „Botschaften der Marienerscheinungen" sind gerade auch deshalb problematisch, weil sie offenbar in eine Richtung weisen, die bestimmten „nachkonziliaren Geisteshaltungen" sehr zuwiderläuft. Er unterbricht mich: „Ich möchte betonen, daß ich die Begriffe *vor-* oder *nach*konziliar nicht schätze. Sie zu übernehmen, würde bedeuten, die Idee eines Bruches in der Kirchengeschichte zu akzeptieren. In den ‚Erscheinungen' spielt oft die Einbeziehung des Leibes eine besondere Rolle (Kreuzzeichen, Weihwasser, Aufruf zum Fasten), aber all dies liegt voll auf der Linie des II. Vatikanums, das auf der Einheit des Menschen und folglich auf der Inkarnation des Geistes im Fleisch bestanden hat."

Jenes Fasten, das Sie andeuten, hat ja in vielen jener „Botschaften" geradezu einen zentralen Stellenwert.

„Fasten bedeutet, einen wesentlichen Aspekt des christlichen Lebens akzeptieren. Es ist nötig, auch den leiblichen Aspekt des Glaubens wieder zu entdecken: Die Enthaltung von Speisen ist ein solcher Aspekt. Sexualität und Ernährung gehören zu den Grundelementen der Leiblichkeit des Menschen: Nun, der Verfall des Verständnisses der Jungfräulichkeit ging mit dem Verfall des Verständnisses des Fastens Hand in Hand. Und diese Verfallserscheinungen haben beide eine gemeinsame Wurzel: die gegenwärtige Verdunkelung der eschatologischen Spannung, das heißt die Spannung des christlichen Glaubens auf das ewige Leben hin. Jungfräulichkeit und zeitweiliger Verzicht auf Speise wollen bezeugen, daß uns das ewige Leben erwartet, daß es schon unter uns ist, daß ,die Gestalt dieser Welt vergeht' (1 Kor 7,31). Ohne Jungfräulichkeit und ohne Fasten ist die Kirche nicht mehr Kirche, sie gleicht sich der Geschichte an. Wir sollten uns deshalb die Brüder der orthodoxen Ostkirchen, jene – auch heute – großen Lehrmeister echter christlicher Askese, zum Beispiel nehmen."

Eminenz, wenn die „leiblichen Ausdrucksformen" des Glaubens unter den Katholiken im Schwinden sind (wobei sie vielleicht in umgrenzten Eliten weiterleben), so hat daran auch die Linie der institutionellen Kirche einen Anteil: Durch eine Reihe von Maßnahmen aus Rom sind in jenen Jahren Freitagsgebot, Nachtwachen, Fastenzeit, Advent und andere „besondere Zeiten" abgemildert worden.

„Das stimmt – sagt er –, dennoch war die Absicht gut. Es ging darum, dem Verdacht des Legalismus sowie den Versuchungen, die Religion in äußerliche Praktiken zu verwandeln, zu begegnen. Es bleibt bestehen, daß Fasten, Abstinenz und andere ,Bußübungen' weiterhin an die persönliche Verantwortung gebunden bleiben müssen. Aber wichtig ist auch, daß man zu gemeinsamen Ausdrucksformen der kirchlichen Buße zurückfindet. Darüber hinaus müssen wir gerade in einer Welt, die in so weiten Teilen an Hunger stirbt, das sichtbare und gemeinschaftliche Zeugnis eines freiwillig aus Liebe übernommenen Verzichts auf Speise geben."

Für ihn jedenfalls stellt sich das Problem noch umfassender: „Auch hier müssen wir zu einem neuen Mut zum Nonkonformismus gegenüber den Tendenzen der Wohlstandsgesellschaft zurückfinden. Anstatt dem Zeitgeist zu folgen, müßten gerade wir ihm von neuem mit evangelischem Ernst entgegentreten. Wir haben den Sinn dafür verloren, daß die Christen nicht wie ‚jedermann‘ leben können. Die törichte Ansicht, der zufolge es keine spezifische christliche Moral geben würde, ist nur ein Ausdruck dafür, daß ein Grundkonzept verlorengegangen ist: das ‚unterscheidend Christliche‘ gegenüber den Modellen der ‚Welt‘. Auch in einigen religiösen Orden und Kongregationen hat man die wahre Reform mit der Lockerung der bis dahin praktizierten Strenge verwechselt. Man hat die *Erneuerung* mit der *Bequemlichkeit* verwechselt. Um ein kleines konkretes Beispiel zu nennen: Ein Ordensmann hat mir berichtet, daß die Auflösung seines Klosters ganz konkret damit begonnen hatte, daß man das Aufstehen zum nächtlichen Stundengebet für ‚nicht mehr praktikabel‘ erklärt hatte. Soweit gut, dieses unbestrittene, aber bedeutsame ‚Opfer‘ war dadurch ersetzt worden, daß man aufblieb, um bis spät in die Nacht hinein fernzusehen. Eine scheinbare Kleinigkeit: Aber auch aus diesen ‚Kleinigkeiten‘ setzt sich der augenblickliche Verfall der unaufgebbaren Strenge des christlichen Lebens, angefangen von dem der Ordensleute, zusammen.“

Er führt seinen Gedankengang fort: „Der Christ muß sich heute mehr denn je darüber im klaren sein, einer Minorität anzugehören und in Kontrast zu sein mit dem, was dem ‚Geist der Welt‘, wie das Neue Testament ihn bezeichnet, als gut, selbstverständlich und logisch erscheint. Zu den dringlichsten Aufgaben des Christen gehört die Wiedererlangung der Fähigkeit zum Nonkonformismus, das heißt die Fähigkeit, sich so manchen kulturellen Entwicklungen der Umwelt zu widersetzen; anders gesagt: wir müssen heute die euphorische Sicht der frühen nachkonziliaren Ära revidieren."

Kann also neben *Gaudium et spes* die *Nachfolge Christi* weiterbestehen?

„Gewiß handelt es sich um zwei recht verschiedene Geisteshaltungen. Die ‚*Nachfolge*' ist ein Text, der die große spätmittelalterliche Klostertradition widerspiegelt. Aber das II. Vatikanum beabsichtigte keineswegs, das Gute den Guten zu nehmen."

Und die „*Nachfolge Christi*" (natürlich symbolisch für eine bestimmte Geisteshaltung gesehen) gehört weiter zum „Guten"?

„Mehr noch: Zu den vordringlichsten Zielen des Katholiken von heute gehört die Einholung aller positiven Elemente einer derartigen Geisteshaltung, die sich des qualitativen Abstands zwischen gläubiger Denkweise und weltlicher Denkweise bewußt ist. Gewiß findet sich in der ‚*Nachfolge*' eine einseitige Betonung der privaten Beziehung des Christen mit dem Herrn. Allzuviel der Produktion zeitgenössischer Theologie weist hingegen ein ungenügendes Verständnis des geistigen Innenlebens auf. Man hat global und unwiderruflich die *fuga saeculi* (‚Weltflucht'), der eine zentrale Stellung in der klassischen Geistigkeit zukommt, verdammt, ohne ansichtig zu werden, daß diese ‚Flucht' auch einen sozialen Aspekt in sich birgt. Man floh die Welt nicht, um diese sich selbst zu überlassen, sondern um in Stätten der Sammlung neue Möglichkeiten christlichen, also menschlichen Daseins zu finden. Man erlangte Klarheit über die Entfremdung der Gesellschaft, und in der Einsiedelei beziehungsweise in den Klöstern wurden von neuen Grundlagen her neue

Sozialmodelle erprobt; in der Wüste entstanden Oasen wahren Lebens, schöpfte man wieder die Hoffnung auf Rettung für alle."

Das will überdacht sein: Vor zwanzig Jahren bezeichnete man in allen Tonarten als das vordringlichste Problem des Katholiken, zu einer „neuen", „gemeinschaftsbezogenen", „offenen", „nicht-sakralen", „weltzugewandten", zu einer „mit der Welt solidarischen" Geistigkeit zu gelangen. Und nach langen Wanderungen entdeckt man nun als dringliche Aufgabe, wieder ein Verbindungselement zur alten Geistigkeit der „Weltflucht" zu finden.

„Das Problem – antwortet er – besteht wiederum darin, ein neues Gleichgewicht zu finden. Sieht man einmal von legitimen, oder besser gesagt für die Kirche wertvollen, klösterlichen oder eremitischen Berufungen ab, so ist der Gläubige gehalten, das nicht einfache Gleichgewicht zwischen rechter Inkarnation in die Geschichte und notwendiger Spannung auf die Ewigkeit hin zu leben. Gerade dieses Gleichgewicht bewirkt, daß man weder das irdische Engagement sakralisiert noch dem Vorwurf der ‚Entfremdung' verfällt."

Die Herausforderung der Sekten

Betonung des Eschatologischen, Weltflucht, erregte Aufrufe zur „Lebensänderung", zur „Umkehr", Einbeziehung des Leibes (Enthaltung von Alkohol, Tabak und oftmals vom Fleisch, „Opfer" verschiedenster Art), all das kennzeichnet fast alle Sekten, die sich weiterhin unter den Ex-Gläubigen der „offiziellen" christlichen Kirchen ausbreiten. Das Phänomen nimmt von Jahr zu Jahr immer gewaltigere Dimensionen an: Gibt es eine gemeinsame Strategie der Kirche, um diesem Vormarsch entgegenzutreten?

„Es gibt einzelne Initiativen von Bischöfen und Bischofskollegien – antwortet der Präfekt –, zweifellos werden wir zu einer gemeinsamen Linie zwischen Bischofskonferenzen und zuständigen Organen des Heiligen Stuhls, nach Möglichkeit auch mit anderen großen kirchlichen Gemeinschaften kommen müssen. Es muß jedoch gesagt werden, daß die Christenheit immer und überall religiöse Randgruppen gekannt hat, die der Verlockung dieser Art exzentrischer und heterodoxer Verkündigung ausgesetzt waren."

Nun jedoch scheinen sich diese „Randerscheinungen" in Massenphänomene zu verwandeln ...

„Ihre Ausbreitung – sagt er – deutet auch auf Lücken und Mängel in unserer Verkündigung und Praxis hin. Zum Beispiel: Der für viele dieser Sekten typische Eschatologismus, der Chiliasmus, kann unter anderem auch deshalb Fuß fassen, weil dieser echt katholische Aspekt in weiten Bereichen der Seelsorge verschwunden ist. Bei diesen Sekten gibt es eine Sensibilität (die bei ihnen ins Extrem gesteigert, die aber in einem ausgewogenen Maß echt christlich ist) gegenüber den Gefahren unserer Zeit und somit gegenüber der Möglichkeit eines drohenden Endes der Geschichte. Die richtige Würdigung von Botschaften wie der von Fatima könnte eine Weise unserer Antwort darstellen: Im Hinhören auf die Botschaft Christi, die durch Maria an unsere Zeit ergeht, fühlt die Kirche die Bedrohung aller und jedes einzelnen und antwortet mit einer entschiedenen Umkehr und Buße."

Für den Kardinal besteht jedoch die radikalste Antwort auf die Sekten in der „Wiederentdeckung der katholischen Identität": „Es ist eine neue Klarheit nötig, eine neue Freude, wenn man so sagen will, ein neuer ‚Stolz' (der nicht im Widerspruch zur notwendigen Demut steht), katholisch zu sein. Es sei auch daran erinnert, daß diese Gruppen deshalb Erfolg ernten, weil sie den zunehmend einsamen, isolierten und verunsicherten Menschen eine Art ‚Heimstatt der Seele' und die Wärme einer Gemeinschaft anbieten. Gerade diese Wärme und dieses Leben scheinen bei uns leider oft zu fehlen: Dort, wo die Pfarreien, jener unverzichtbare Grundstock, es verstanden haben, wieder lebendig zu werden und die Bedeutung der kleinen Kirche, die in Einheit mit der großen Kirche lebt, aufzuzeigen, dort haben die Sektierer kaum in nennenswerter Weise an Boden gewinnen können. Die Katechese müßte dann jenen Punkt enttarnen, auf dem diese neuen ‚Missionare' bestehen: den Eindruck nämlich, daß sie die Schrift in ‚buchstäblichem' Sinne lesen würden, während die Katholiken sie abgeschwächt oder vergessen hätten. Diese *Wörtlichkeit* bedeutet oft den Verrat an *Treue*. Die Isolierung einzelner Sätze und Verse ist irreführend und läßt das Ganze aus dem Blick kommen: Als Ganze gelesen, ist die Bibel wirklich ‚katholisch'. Aber dies müßte durch eine katechetische Erziehung gezeigt werden, die wieder an eine Lektüre der Heiligen Schrift in und mit der Kirche gewöhnen würde."

Die Erneuerung der Liturgie

Herr Kardinal, kommen wir ein wenig auf die Liturgie, auf die Liturgiereform zu sprechen. Das ist eines der meist debattierten und heikelsten Probleme, eines der Streitpferde der traditionalistischen antikonziliaren Bewegung des pathetischen Integralismus eines Msgr. Marcel Lefebvre, des Bischofs, der sich gerade wegen bestimmter liturgischer Neuerungen auflehnt, in denen er Geruch von Schwefel, von Häresie vermutet ...

Er unterbricht mich sogleich, um zu präzisieren: „Gegenüber bestimmten und konkreten Arten der Liturgiereform und vor allem gegenüber den Positionen bestimmter Liturgiker gibt es ein weiteres Feld des Unbehagens als nur dasjenige des Integralismus. Anders gesagt: Nicht jeder, der ein solches Unbehagen äußert, muß deswegen auch schon ein Integralist sein."

Wollen Sie vielleicht sagen, daß auch für einen Katholiken, der dem extremen Traditionalismus fernsteht, der Argwohn oder gar der Protest gegenüber einem bestimmten nachkonziliaren Liturgismus berechtigt wäre? Für einen Katholiken, das heißt für einen, der nicht der Nostalgie verfallen ist, sondern der bereit ist, das II. Vatikanum ganz zu akzeptieren?

„Hinter den unterschiedlichen Weisen des Liturgieverständnisses – antwortet er – stehen, wie fast immer, verschiedene Weisen des Verständnisses von Kirche und folglich von Gott und den Beziehungen des Menschen zu ihm.

Die Frage der Liturgie ist kein Randproblem: Gerade das Konzil hat daran erinnert, daß es sich hier um das Herzstück des christlichen Glaubens handelt."

Seine wichtigen Aufgaben in Rom hindern Joseph Ratzinger daran (aus Mangel an Zeit und auch an Gelegenheit), die Veröffentlichung von wissenschaftlichen Artikeln und Büchern, wie er es möchte, fortzuführen. Wie wichtig ihm das Thema der Liturgie ist, zeigt die Tatsache, daß er eines der wenigen Werke, die er in diesen Jahren veröffentlicht hat, diesem Thema widmete: sein Buch *Das Fest des Glaubens*. Es handelt sich dabei um eine Sammlung kurzer Aufsätze über die Liturgie und über ein bestimmtes Verständnis von *„aggiornamento"*, über das er sich bereits zehn Jahre nach Beendigung des II. Vatikanums betroffen äußerte.

Ich greife einen Abschnitt aus dem Manuskript von 1975 *Thesen zum Thema „Zehn Jahre Vaticanum II"* heraus und lese: „Die Öffnung der Liturgie für die Volkssprachen war begründet und berechtigt; sie ist auch vom Trienter Konzil als Möglichkeit ins Auge gefaßt. Ebenso ist es schlechthin unwahr, mit bestimmten Integralisten zu behaupten, die Ausbildung neuer Kanon-Formulare widerspreche dem Trienter Konzil. Wieweit die einzelnen Schritte der Liturgiereform wirklich Verbesserungen oder eher Banalisierungen waren, wieweit sie pastoral klug oder töricht oder rücksichtslos waren, muß hier dahingestellt bleiben."

Ich lese weiter aus jenem Beitrag von Joseph Ratzinger, damals noch Theologieprofessor, aber bereits Mitglied der Päpstlichen Internationalen Theologenkommission: „Klar ist, daß auch bei der Vereinfachung und bei der möglichst verständlichen Fassung der Liturgie das Mysterium des Handelns Gottes im Handeln der Kirche und damit die unmanipulierbare Vorgegebenheit des Kerns der Liturgie für Priester und Gemeinden wie ihr gesamtkirchlicher Charakter unangetastet bleiben müssen. Daher – mahnte Professor Ratzinger – muß weit entschiedener, als es bisher geschehen ist, rationalistischer Verflachung, geschwätzigem Zerreden und pastoraler Infantilität entgegengetreten werden, die die Liturgie zum Gemeindekränzchen degradiert und sie auf Bild-Zeitungs-Verständlichkeit herunterschrauben will. Auch die geschehenen Reformen, besonders im Bereich der Rituale, werden unter solchen Gesichtspunkten überprüft werden müssen."

Während ich ihm diese seine Ausführungen vorlese, hört er mir mit der gewohnten Aufmerksamkeit und Geduld zu. Seither sind zehn Jahre vergangen, der Verfasser dieses Warnrufs ist nicht mehr nur ein einfacher Gelehrter, er ist Wächter über die Orthodoxie der Kirche. Erkennt sich der Ratzinger von heute, der Präfekt der Glaubenskongregation in diesem Abschnitt wieder?

„Ganz und gar – antwortet er mir, ohne zu zögern –, im Gegenteil, seit ich diese Zeilen schrieb, sind weitere Aspekte, die hätten bewahrt werden müssen, vernachlässigt, viele noch erhalten gebliebene Schätze vergeudet worden. Damals, 1975, zeigten sich viele Theologen-Kollegen über meine Ausführung empört oder zumindest überrascht. Jetzt gibt es auch unter ihnen zahlreiche, die mir zumindest teilweise recht geben."

Das heißt also, es wäre zu weiteren Mißdeutungen und Irrtümern gekommen, die die ernsten Worte in Ihrem sechs Jahre später erschienenen Buch, das wir nannten, noch mehr rechtfertigen würden: „Aber das Frösteln, das einem die glanzlos gewordene nachkonziliare Liturgie einjagt oder einfach die Langeweile, die sie mit ihrer Lust zum Banalen wie mit ihrer künstlerischen Anspruchslosigkeit auslöst ..."

Seiner Ansicht nach stellt gerade der Bereich der Liturgie – sowohl in den Arbeiten der Fachleute als auch in konkreten Anwendungen – „eines der Beispiele dar, die am deutlichsten den Gegensatz zwischen dem hervortreten lassen, was der echte Text des II. Vatikanums sagt, und der Weise, in der er dann verstanden und angewendet worden ist".

Ein zur Genüge bekanntes und der Gefahr des Mißbrauchs ausgesetztes Beispiel stellt die Verwendung des Lateins dar, zu dem der Konzilstext deutlich sagt: „Der Gebrauch der lateinischen Sprache soll in den lateinischen Riten erhalten bleiben, soweit nicht Sonderrecht entgegensteht" (*Sacrosanctum Concilium*, Art. 36). Weiter unten ermahnen die Väter: „Es soll jedoch Vorsorge getroffen werden, daß die Christgläubigen die ihnen zukommenden Teile des Meß-Ordinariums auch lateinisch miteinander sprechen oder singen können" (*Sacrosanctum Concilium*, Art. 54). Noch weiter unten, in demselben Dokument: „Gemäß jahrhundertealter Überlieferung des lateinischen Ritus sollen die Kleriker beim Stundengebet die lateinische Sprache beibehalten" (*Sacrosanctum Concilium*, Art. 101).

Ziel des Gesprächs mit Kardinal Ratzinger, so sagten wir zu Beginn, war es nicht, unsere Ansicht in den Vordergrund zu rücken, sondern die Meinung des Befragten darzulegen. Dennoch – so unwichtig das auch sein mag – finden wir persönlich die Haltung derer etwas seltsam, die wie „Witwen" und „Waisen" einer für immer verschwundenen Vergangenheit nachtrauern, und verspüren keinerlei Heimweh nach einer lateinischen Liturgie, die wir selbst nur in ihrer letzten, erschöpften Lebensphase kennengelernt haben. Trotzdem, wenn man die Konzilsdokumente liest, kann man das Anliegen von Kardinal Ratzinger verstehen: Es ist eine objektive Tatsache, daß, auch wenn man sich nur auf die Problematik der liturgischen Sprache beschränkt, der Kontrast zwischen den Texten des II. Vatikanums und den konkreten darauffolgenden Anwendungen ins Auge springt.

Es geht nicht darum, sich zu beklagen, sondern darum, von so maßgebender Seite zu erfahren, wie dieser Riß überhaupt zustande gekommen ist.

Er schüttelt den Kopf: „Auch dies gehört wohl zu den Fällen eines – in diesen Jahren leider häufigen – Widerspruchs zwischen dem Wortlaut des Konzils, der authentischen Struktur der Kirche und ihres Kults, den wirklichen momentanen pastoralen Erfordernissen auf der einen und den konkreten Antworten bestimmter klerikaler Kreise auf der anderen Seite. Dennoch aber war die liturgische Sprache zu keiner Zeit etwas Nebensächliches. Am Anfang des Bruches zwischen lateinischem Westen und griechischem Osten steht auch ein Problem sprachlichen Sich-nicht-Verstehens. Möglicherweise könnte das Verschwinden der gemeinsamen liturgischen Sprache die zentrifugalen Kräfte in den verschiedenen katholischen Gebieten verstärken." Er fügt jedoch sofort hinzu: „Um das schnelle und fast totale Aufgeben der alten gemeinsamen liturgischen Sprache zu erklären, muß man im Grunde einen kulturellen Wandel der öffentlichen Bildung im Westen berücksichtigen. Als Professor konnte ich mir noch zu Beginn der sechziger Jahre erlauben, jungen Menschen, die aus deutschen Oberschulen kamen, einen lateinischen Text vorzulesen. Heute ist dies nicht mehr möglich."

Verschiedene Formen der Liturgie

Apropos Latein: In den Tagen unseres Gespräches war die (auf den 3. Oktober 1984 datierte und vom Pro-Präfekten der Kongregation für den Gottesdienst unterzeichnete) Entscheidung des Papstes noch nicht bekannt, die jenen Priestern den umstrittenen „Indult" zugestand, die die Messe eben nach dem Römischen Missale von 1962 in lateinischer Sprache feiern möchten. Das bedeutet die Möglichkeit einer (wenn auch klar begrenzten) Rückkehr zur früheren Form; nur wenn, so heißt es in dem Brief, „auch öffentlich klar feststehe, daß diese Priester und die betreffenden Gläubigen in keiner Weise den Standpunkt derer teilen, die die Legitimität und dogmatische Zuverlässigkeit des Römischen Missale in Zweifel ziehen, das von Papst Paul VI. 1970 promulgiert worden ist", und nur wenn die Feier nach dem alten Ritus „in den vom Bischof angewiesenen Kirchen und Kapellen stattfindet und nicht in den Pfarrkirchen, es sei denn, der Ortsbischof hat es in Ausnahmefällen erlaubt". Trotz dieser Einschränkungen und der strengen Warnungen („in keiner Weise darf die Gewährung des Indults dahingehend verwendet werden, daß die treue Beobachtung der Liturgiereform beeinträchtigt wird") hat die Entscheidung des Papstes Polemiken hervorgerufen.

Auch wir waren – ehrlich gesagt – bestürzt; aber wir haben das zu berichten, was uns Kardinal Ratzinger in Brixen gesagt hatte: Obwohl er die Maßnahme – die offensichtlich schon entschieden war und über die er sicher auf dem laufenden war – nicht erwähnt hatte, hat er uns eine derartige Möglichkeit angedeutet. Dieser „Indult" wäre für ihn nicht auf der Linie einer „Restauration" zu sehen, sondern im Gegenteil vom Klima jenes „legitimen Pluralismus" her, auf den das II. Vatikanum und seine Ausleger solchen Nachdruck gelegt haben.

Lassen wir den Kardinal aber selbst zu Wort kommen: „Vor Trient war innerhalb der Kirche eine Vielfalt an Riten und Liturgien erlaubt. Die Väter von Trient haben die Liturgie der Stadt Rom für die ganze Kirche vorgeschrieben und behielten unter den westlichen Liturgien nur jene bei, die mehr als zwei Jahrhunderte bestanden hatten. Das ist der Fall zum Beispiel beim ambrosianischen Ritus der Diözese Mailand. Wenn es zur Förderung der Religiosität mancher Gläubiger und zur Respektierung der Frömmigkeit bestimmter katholischer Kreise beitragen könnte, würde ich persönlich die Rückkehr zur antiken Situation, das heißt zu einem gewissen liturgischen Pluralismus, befürworten. Natürlich nur, wenn der legitime Charakter der reformierten Riten nachdrücklich bestätigt würde und der Umfang und die Art eines Ausnahmefalles einer Zulassung der vorkonziliaren Liturgie klar angegeben würde." Dies war wohl mehr als ein Wunsch von ihm, da er sich ja nach kaum mehr als einem Monat verwirklichen sollte.

Er selbst hatte übrigens in seinem *Fest des Glaubens* daran erinnert, daß auch auf liturgischem Gebiet *„Katholizität* nicht *Uniformität"* bedeuten würde, wobei er aufzeigt: „Merkwürdigerweise hat der nachkonziliare Pluralismus sich wenigstens in einem Punkt uniformierend erwiesen: Daß er eine bestimmte Höhe des Ausdrucks nicht mehr gestatten will. Demgegenüber muß in der Einheit der katholischen Liturgie die Verschiedenheit der Möglichkeiten wieder zu ihrem Recht gebracht werden."

Raum für das Heilige

Um zur allgemeinen Problematik zurückzukehren: Was wirft der Präfekt einer bestimmten heutigen Liturgie vor? (Oder vielleicht nicht einmal so sehr der heutigen Liturgie, da es den Anschein hat, daß bestimmte Mißbräuche der Nachkonzilsjahre abnehmen.)

„Mir scheint, daß eine Neubesinnung im Gange ist, indem einige gewahr werden, daß sie zu weit und zu schnell vorgegangen sind. Aber – so fügt er hinzu – dieses neue Gleichgewicht ist im Moment das einer Elite, es betrifft einige Kreise von Fachleuten, während eben die von ihnen in Bewegung gesetzte Welle gerade jetzt an der Basis ankommt. So passiert es, daß sich so mancher Priester und mancher Laie verspätet für etwas begeistern und etwas für avantgardistisch halten, was die Experten gestern vertreten haben, während sie heute andere, gegebenenfalls sogar traditionellere Positionen einnehmen."

Was nach Ratzinger vollkommen neu entdeckt werden muß, ist „der vorgegebene, nicht beliebig veränderbare, ‚gleichbleibende', ‚unerschütterliche' Charakter des liturgischen Kultes. Es hat Jahre gegeben – erinnert er –, in denen die Gläubigen, wenn sie sich auf die Teilnahme an einem Ritus oder an der Messe selbst vorbereiteten, sich fragten, auf welche Weise sich an jenem Tag die ‚Kreativität' des Zelebranten entladen würde ..." Hier begegnet etwas, erinnert er, das überdies im Widerspruch zur ungemein strengen und feierlichen Mahnung des Konzils steht: „Das Recht, die heilige Liturgie zu ordnen, steht einzig der Autorität der Kirche zu. Diese Autorität liegt beim Apostolischen Stuhl und nach Maßgabe des Rechtes beim Bischof. (...) Deshalb darf durchaus niemand sonst, auch wenn er Priester wäre, nach eigenem Gutdünken in der Liturgie etwas hinzufügen, wegnehmen oder ändern" (*Sacrosanctum Concilium*, Art. 22, 1 u. 3).

Er sagt: „Die Liturgie ist keine Show, kein Schauspiel, für das geniale Regisseure und talentierte Schauspieler nötig sind. Die Liturgie lebt nicht von ‚angenehmen' Überraschungen, von gewinnenden ‚Einfällen', sondern von feierlichen Wiederholungen. Sie kann nicht Ausdruck des Aktuellen und seiner Vergänglichkeit sein, sondern sie ist Ausdruck des Mysteriums des Heiligen. Viele haben gemeint und gesagt, daß die Liturgie von der ganzen Gemeinde ‚gemacht' werden müsse, um wirklich die ihre zu sein. Das ist eine Sicht, die dazu geführt hat, ihren ‚Erfolg' nach Kategorien der spektakulären Wirkung und der Unterhaltung zu bemessen. Auf diese Weise ist jedoch das *Proprium* der Liturgie verlorengegangen, das sich nicht aus dem herleitet, was *wir machen*, sondern aus der Tatsache, daß hier *etwas geschieht*, was wir alle zusammen nicht machen können. In der Liturgie ist eine Kraft, eine Macht am Werk, die sich nicht einmal die Kirche als Ganze verleihen kann: Was sich darin manifestiert, ist der Ganz-Andere, der durch die Gemeinde (die folglich nicht Herrin, sondern Dienerin, reines Instrument ist) zu uns gelangt."

Er fährt fort: „Für einen Katholiken ist die Liturgie die gemeinsame Heimat, sie ist die Quelle seiner Identität: Auch deshalb muß sie ‚vorgegeben', ‚gleichbleibend' sein, weil sich durch den Ritus hindurch die Heiligkeit Gottes manifestiert. Hingegen hat die Auflehnung gegen das, was man als ‚die alte rubrizistische Starrheit' bezeichnet hat, und der man vorgeworfen hat, sie würde die ‚Kreativität' rauben, auch die Liturgie in den Strudel des ‚Do it yourself' hineingezogen und sie banalisiert, weil man sie unserer Mittelmäßigkeit angepaßt hat."

Noch auf eine andere Problematik wollte Ratzinger aufmerksam machen: „Das Konzil hat uns richtigerweise daran erinnert, daß Liturgie auch *actio*, Vollzug, bedeutet, und es hat gefordert, daß den Gläubigen eine *actuosa participatio*, eine tätige Teilnahme, gesichert sei."

Ich halte das für eine sehr gute Sache, sage ich.

„Gewiß – bestätigt er –, es ist ein zweifellos richtiger Begriff, der jedoch in der nachkonziliaren Aneigung eine fatale Verengung erfahren hat. Das heißt, es entstand der Eindruck, als ob ‚tätige Teilnahme' nur da vorliege, wo feststellbare äußere Aktivität – Reden, Singen, Predigen, Vorlesen, Händedruck – vorliegt. Aber man hat vergessen, daß das Konzil unter die *actuosa participatio* auch das Schweigen faßt, das eine wirklich tiefe, persönliche Teilnahme erlaubt, indem es uns das innerliche Anhören des

Wortes des Herrn ermöglicht. Nun, von diesem Schweigen fehlt in manchen Riten mittlerweile jede Spur."

Die Kirchenmusik

Und hier schließen sich direkt seine Ausführungen über die Kirchenmusik an, über jene traditionelle Musik des katholischen Abendlandes, in bezug auf welche das II. Vatikanum mit Lob nicht gespart und gleichzeitig ermuntert hat, mit „größter Sorgfalt" das nicht nur zu bewahren, sondern zu pflegen, was es „den Schatz der Kirche" und somit der gesamten Menschheit nennt. Wie sieht es aber statt dessen aus?

„Statt dessen haben viele Liturgiker jenen Schatz beiseite geschoben, indem sie ihn für ‚esoterisch' erklärten, sie haben ihn hintangesetzt im Namen der ‚Verständlichkeit für alle und in jedem Moment der nachkonziliaren Liturgie'. Folglich nicht mehr ‚Kirchenmusik' – die allenfalls noch für besondere Anlässe in die Kathedralen verbannt ist –, sondern nur noch ‚Gebrauchsmusik', Songs, leichte Melodien, eingängige Sachen."

Auch hier vermag der Kardinal ohne Schwierigkeiten das theoretische und praktische Sich-Entfernen vom Konzil aufzuzeigen, „für welches darüber hinaus die sakrale Musik selbst Liturgie ist und nicht nur deren zusätzliche Ausschmückung". Und nach ihm wäre leicht zu zeigen, wie sich „das Aufgeben des Schönen" faktisch als Ursache für eine „pastorale Niederlage" erwiesen hat.

Er sagt: „Immer deutlicher ist die erschreckende Verarmung spürbar geworden, die entsteht, wo man dem Schönen die Tür weist und sich ausschließlich dem ‚Gebrauch' unterordnet. Die Erfahrung hat gezeigt, wie der Rückzug auf die ‚Verständlichkeit für alle' als einziger Kategorie die Liturgie nicht wirklich verständlicher und offener, sondern nur ärmer gemacht hat. ‚Einfache' Liturgie bedeutet nicht armselige oder billige Liturgie: Es gibt die Einfachheit des Banalen, und es gibt die Einfachheit, die vom geistlichen, kulturellen und geschichtlichen Reichtum herrührt. Auch hier – so fährt er fort – hat man die große Kirchenmusik im Namen der ‚tätigen Teilnahme' beiseitegeschoben: Aber kann diese ‚Teilnahme' nicht etwa auch das Aufnehmen mit Geist und Sinnen bedeuten? Ist im Vernehmen, Aufnehmen, Ergriffensein wirklich nichts ‚Aktives'? Liegt hier nicht eine Verkürzung des Menschlichen vor, eine Reduktion auf das mündlich Faßbare, obwohl wir heute wissen, daß das, was in uns rational bewußt an die Oberfläche tritt, nur wie die Spitze eines Eisberges ist, verglichen mit unserer Ganzheit? Sich dies zu fragen, bedeutet sicherlich nicht, sich dem Bemühen um den Gesang des ganzen Volkes und der ‚Gebrauchsmusik' entgegenzustellen: Es bedeutet, sich einer Ausschließlichkeit (*nur* jene Musik) entgegenzustellen, die sich weder vom Konzil noch von den pastoralen Notwendigkeiten her rechtfertigen läßt."

Diese Ausführung über die Kirchenmusik – auch als Symbol der Gegenwart der „verdankten" Schönheit in der Kirche – liegt Joseph Ratzinger besonders am Herzen, und er hat ihr beschwörende Seiten gewidmet: „Eine Kirche, die nur noch ‚Gebrauchsmusik' macht, verfällt dem Unbrauchbaren und wird selbst unbrauchbar. Ihr ist Höheres aufgetragen. Sie soll – wie es vom alttestamentlichen Tempel gesagt ist – Stätte der ‚Herrlichkeit' sein und freilich so auch Stätte, an der die Klage der Menschheit vor das Ohr Gottes gebracht wird. Sie darf sich nicht im gemeindlich Brauchbaren beruhigen; sie muß die Stimme des Kosmos wecken und, indem sie den Schöpfer verherrlicht, dem Kosmos seine Herrlichkeit entlocken, ihn selbst herrlich und damit schön, bewohnbar, liebenswert machen."

Aber auch hier spricht er, wie schon in bezug auf das Latein, von einem „kulturellen Umbruch", ja von einer beinahe sogar „anthropologischen Veränderung", vor allem bei den Jugendlichen, „deren akustischer Sinn seit Anfang der sechziger Jahre durch die Rockmusik und durch andere verwandte Produkte verkümmert ist". So sehr (er bezieht sich hier auch auf seine pastoralen Erfahrungen in Deutschland), daß es heute schwierig sei, „Jugendliche dazu zu bringen, die alten deutschen Choräle anzuhören oder gar zu singen".

Die Anerkennung der objektiven Schwierigkeiten sind für ihn kein Hindernis für eine leidenschaftliche Verteidigung nicht nur der Musik, sondern ganz allgemein der christlichen Kunst und ihrer Wahrheitsoffenbarenden Funktion: „Die einzige wirkliche Apologie des Christentums kann sich auf zwei Argumente beschränken: die *Heiligen,* die die Kirche hervorgebracht hat, und die *Kunst,* die in ihrem Schoß gewachsen ist. Der Herr ist durch die Großartigkeit der Heiligkeit und der Kunst, die in der gläubigen Gemeinde entstanden sind, eher beglaubigt als durch die gescheiten Ausflüchte, die die Apologetik zur Rechtfertigung der dunklen Seiten erarbeitet hat, an denen die menschliche Geschichte der Kirche leider so reich ist. Wenn die Kirche weiterhin die Welt verwandeln und menschlicher machen soll, wie kann sie in ihrer Liturgie auf die Schönheit verzichten, die mit der Liebe und mit dem Glanz der Auferstehung eng verbunden ist? Nein, die Christen dürfen sich nicht zu leicht zufrieden geben; sie müssen aus ihrer Kirche eine Heimstatt des Schönen – folglich des Wahren – machen, ohne das die Welt zu einem ersten Kreis der Hölle wird."

Er erzählt mir von einem berühmten Theologen, der ihm ohne Schwierigkeiten gestand, sich als „Barbar" zu fühlen.

Dazu meint er: „Ein Theologe, der Kunst, Dichtung, Musik und Natur nicht liebt, kann gefährlich sein. Diese Blindheit und Taubheit dem Schönen gegenüber sind nicht etwas Nebensächliches, sie spiegeln sich notwendigerweise auch in seiner Theologie wider."

Auch in dieser Hinsicht ist Ratzinger keineswegs von der Gültigkeit mancher „Triumphalismus"-Schelten überzeugt, in deren Namen man mit übertriebener Leichtfertigkeit vieles von der alten liturgischen Feierlichkeit über Bord geworfen hat: „Die Feierlichkeit des Kultes, mit dem die Kirche die Herrlichkeit Gottes, die Freude des Glaubens, den Sieg der Wahrheit und des Lichtes über den Irrtum und über die Finsternis zum Ausdruck bringt, ist keineswegs Triumphalismus. Der Reichtum der Liturgie ist nicht der Reichtum irgendeiner Priesterkaste; er ist der Reichtum aller, auch der Armen, die in der Tat danach verlangen und sich keineswegs daran stoßen. Die ganze Geschichte der Volksfrömmigkeit zeigt, daß auch die Ärmsten immer instinktiv und spontan bereit gewesen sind, sogar auf das Notwendigste zu verzichten, um ohne jeden Geiz mit der Schönheit ihrem Herrn und Gott Ehre zu erweisen."

Als Beispiel hierzu führt er an, was er auf einer seiner letzten Reisen nach Nordamerika erfahren hat: „Die Autoritäten der anglikanischen Kirche von New York hatten beschlossen, die Arbeiten an der neuen Kathedrale einzustellen. Sie hielten sie für zu prunkvoll und geradezu für eine Beleidigung des Volkes, unter dem dann – laut Beschluß – die schon bereitgestellte Summe verteilt werden sollte. Nun, es waren gerade die Armen, die jenes Geld zurückwiesen, die Wiederaufnahme der Arbeiten forderten und diese eigenartige Idee nicht verstanden, daß man den Kult für Gott aufrechnen und auf die Feierlichkeit und die Schönheit verzichten könne, wenn man vor seinem Angesicht steht."

Die Anklage des Kardinals richtet sich also, wenn ich recht verstanden habe, gegen bestimmte intellektuelle Christen, gegen ein bestimmtes, ihnen eigentümliches aristokratisches, elitäres Denkschema, das weit von dem entfernt ist, was das „Volk Gottes" wirklich glaubt und ersehnt: „Für einen bestimmten modernen Neoklerikalismus würde das Problem der Menschen darin bestehen, daß sie sich von den ‚sakralen Tabus' unterdrückt fühlen. Aber dies ist allenfalls das Problem der sich in Krise befindlichen Kleriker. Das Drama unserer Zeitgenossen besteht hingegen darin, ohne Hoffnung in einer immer profaneren Welt zu leben. Die heute wirklich verbreitete Forderung ist nicht die nach einer säkularisierten Liturgie, sondern im Gegenteil nach einer neuen Begegnung mit dem Sakralen durch einen Kult, der die Gegenwart des Ewigen wiedererkennen läßt."

Aber seine Anklage richtet er auch gegen etwas, das er so umschreibt: „Der romantische Archäologismus bestimmter Liturgieprofessoren, nach denen alles, was man nach Gregor I., dem Großen, gemacht hat, als eine Verkrustung, als ein Zeichen von Dekadenz zu entfernen wäre. Kriterium der liturgischen Erneuerung war für sie nicht die Frage: *Wie soll es heute sein?*, sondern: *Wie war es damals?* Man übersieht, daß die Kirche lebendig ist und daß ihre Liturgie nicht eingefroren werden kann auf das, was man vor Beginn des Mittelalters in der Stadt Rom machte. In Wirklichkeit ist die mittelalterliche Kirche (oder in mancher Beziehung auch die Kirche des Barock) auf eine liturgische Vertiefung zugeschritten, die erst mit Aufmerksamkeit geprüft werden müßte, bevor man sie beseitigt. Wir müssen auch hier das katholische Gesetz der immer besseren und tieferen Erkenntnis des Erbes, das uns anvertraut ist, beachten. Der pure Archaismus nützt nichts, so wie die pure Modernisierung nichts nützt."

Für Ratzinger darf sodann das kultische Leben des Katholiken nicht auf den rein „gemeindlichen" Aspekt verkürzt werden: Es muß auch weiterhin Raum sein für das persönliche, wie auch für das gemeinsame Beten, das heißt für die der Liturgie zugeordneten Frömmigkeit.

Er fügt dann hinzu: „Für einige beschränkt sich Liturgie offenbar allein auf Eucharistie, die nur unter dem einzigen Aspekt des ‚brüderlichen Mahles' gesehen wird. Aber die Messe ist nicht nur ein Mahl unter Freunden, die versammelt sind, um des letzten Abendmahles des Herrn zu gedenken durch das gemeinsame Brechen des Brotes. Die Messe ist das gemeinsame Opfer der Kirche, in dem der Herr mit uns und für uns betet und sich uns mitteilt. Sie ist die sakramentale Erneuerung des Opfers Christi: Folglich erstreckt sich seine erlösende Kraft auf alle Menschen, auf Anwesende und Ferne, Lebende und Tote. Wir müssen wieder das Bewußtsein erlangen, daß die Eucharistie nicht wertlos ist, wenn man die Kommunion nicht empfängt: Durch dieses Bewußtsein können dramatisch sich zuspitzende Probleme, wie die Zulassung wiederverheirateter Geschiedener zum Sakrament, viel von ihrer drückenden Last verlieren."

Könnten Sie das genauer erläutern?

„Wenn die Eucharistie – erklärt er – nur als ein Gemeinschaftsmahl unter Freunden gelebt wird, ist derjenige, der vom Empfang der heiligen Gaben ausgeschlossen ist, wirklich von der Brüderlichkeit abgeschnitten. Aber wenn man zur vollständigen Sicht der Messe zurückkehrt (brüderliches Mahl und zugleich Opfer des Herrn, das die Kraft und die Wirksamkeit für den, der sich mit ihm im Glauben vereint, *in sich* trägt), dann nimmt auch der, der jenes ‚Brot' nicht ißt, in gleichem Maß an den allen anderen dargebotenen Gaben teil."

Eines der ersten offiziellen Dokumente der Glaubenskongregation, das seine Unterschrift trägt, hat Kardinal Ratzinger der Eucharistie und der Problematik ihres „Dieners“ gewidmet (der nur sein kann, wer in jenem „Priestertum des Dienstes, das heißt hierarchische(n) Priestertum“ geweiht ist, welches, wie das Konzil erneut bestätigt, sich „dem Wesen, und nicht bloß dem Grade nach“ unterscheidet vom „gemeinsamen Priestertum der Gläubigen“, *Lumen gentium*, Art. 10). In dem „Versuch, die Eucharistie von dem notwendigen Band mit dem hierarchischen Priestertum zu trennen“, sieht er einen anderen Aspekt einer gewissen „Banalisierung“ des Mysteriums des Sakramentes.

Dabei handelt es sich um dieselbe Gefahr, die er im Nachlassen der Anbetung vor dem Tabernakel feststellt: „Man hat vergessen – sagt er –, daß die Anbetung eine Vertiefung der Kommunion ist. Es handelt sich nicht um eine ‚individualistische‘ Frömmigkeit, sondern um die Fortführung oder die Vorbereitung des gemeinschaftlichen Moments. Man soll auch jenen beim Volk so beliebten Brauch der Fronleichnamsprozession beibehalten (in München, als ich sie leitete, nahmen Zehntausende Personen daran teil). Auch dagegen haben die ‚Liturgie-Archäologen‘ Einwände, indem sie darauf hinweisen, daß es jene Prozessionen in der römischen Kirche der ersten Jahrhunderte nicht gab. Aber ich wiederhole hier, was ich schon sagte: Dem *sensus fidei* des katholischen Volkes muß die Möglichkeit zuerkannt werden, all die Konsequenzen aus dem Erbe, das ihm anvertraut ist, Jahrhundert für Jahrhundert zu vertiefen und ans Licht zu bringen.“

Er fügt hinzu: „Die Eucharistie ist der zentrale Kern unseres gottesdienstlichen Lebens; damit sie aber seine Mitte sein kann, ist ein gemeinsames Ganzes, in dem man lebt, vonnöten. Alle Untersuchungen über die Auswirkungen der Liturgiereform zeigen, daß eine pastorale Überbetonung der Messe diese letztlich abwertet, weil sie gleichsam ins Leere gestellt ist, da sie von anderen liturgischen Akten weder vorbereitet noch vertieft wird. Die

Eucharistie setzt die anderen Sakramente voraus und verweist auf sie. Aber die Eucharistie setzt auch das persönliche Gebet, das Gebet in der Familie und das gemeinschaftliche außerliturgische Gebet voraus."

Woran denken Sie besonders?

„Ich denke – sagt er – an zwei der tiefsten und fruchtbarsten Gebete der Christenheit, die immer und von neuem in den großen Strom der Eucharistie hineinführen: den *Kreuzweg* und den *Rosenkranz*. Wenn wir heute in einer so bedrohlichen Weise den Verlockungen asiatischer religiöser Praktiken ausgesetzt sind, so liegt es wohl auch mit an der Tatsache, daß wir diese Gebete verlernt haben." Und er bemerkt: „Wenn der Rosenkranz gebetet wird, wie die Tradition es vorsieht, läßt er uns in den Rhythmus der Ruhe einschwingen, die uns geschmeidig und ausgeglichen macht und die dem Frieden einen Namen gibt: Jesus, die gebenedeite Frucht Mariens. Maria, die im stillen Frieden ihres Herzens das lebendige Wort verborgen hat und so Mutter des fleischgewordenen Wortes werden konnte. Maria ist folglich das Ideal des echten liturgischen Lebens. Sie ist die Mutter der Kirche, auch weil sie uns auf die Aufgabe und das höchste Ziel unseres Kultes verweist: die Herrlichkeit Gottes, von dem das Heil der Menschen kommt."

Die „Letzten Dinge"

Unter dem vielen, was mir von Kardinal Ratzinger gesagt wurde und was in der diesem Buch vorausgegangenen Reportage veröffentlicht worden ist, gibt es einen nicht gerade zentralen Bereich, der aber offenbar die Aufmerksamkeit vieler Kommentatoren besonders in Beschlag genommen hat. Wie es übrigens vorherzusehen war, waren viele Artikel (mit den entsprechenden Titeln) nicht in erster Linie den streng theologischen, exegetischen und ekklesiologischen Ausführungen des Präfekten der Glaubenskongregation gewidmet worden, als vielmehr den Andeutungen (wenige Absätze auf etwa zehn Seiten) zu jener Wirklichkeit, der die christliche Tradition die Bezeichnungen *„Teufel"*, *„Dämon"* und *„Satan"* beilegt.

Ist es Vorliebe für Malerisches, Neugierde für das, was viele (wohl auch unter den Christen) für ein „folkloristisches Überbleibsel" halten, für etwas, das jedenfalls „für einen mündigen Glauben inakzeptabel" ist? Oder verbirgt sich dahinter vielleicht mehr, etwas Tieferes, eine durch Lachen getarnte Unruhe? Heitere Gelassenheit oder ein Exorzismus, der die Gestalt der Ironie annimmt?

Uns steht es nicht zu, darauf eine Antwort zu geben. Allenfalls gilt es, das Faktum zur Kenntnis zu nehmen: Kein anderes Thema wie das des „Teufels" versetzt so rasch die Massenmedien der säkularisierten Gesellschaft in einen Sturm der Entrüstung.

Man wird nur sehr schwer das breite, nicht bloß ironische, sondern bisweilen auch wütende Echo vergessen, das von einem Papst – es war Paul VI. – ausgelöst worden ist. Dieser kam in der Ansprache während der Generalaudienz vom 15. November 1972 auf das zurück, was er am vorausgegangenen 29. Juni im Petersdom gesagt hatte. Im Blick auf die Lage der Kirche hatte er dargelegt: „Ich habe den Eindruck, daß durch irgendeinen Spalt der Rauch Satans in den Tempel Gottes eingedrungen ist ... Wenn Christus so häufig im Evangelium diesen Feind der Menschen erwähnt, dann erkennen wir darin etwas, das der Natur fremd ist, das in die Welt gekommen ist, um Verwirrung zu stiften, um die Früchte des Ökumenischen Konzils zu zerstören und um die Kirche daran zu hindern, den Freudenhymnus anzustimmen, indem es Zweifel, Ungewißheit, Problematik, Unruhe und Unzufriedenheit sät."

Schon auf diese ersten Andeutungen hin erhob sich verhaltener Protest. Dieser entlud sich vollends – und hielt über Monate hinweg in den Medien aller Welt an – an jenem berühmt gewordenen 15. November 1972. Paul VI. sagte damals: „Die Sünde ist Gelegenheit und Wirkung des Einbrechens eines finsteren und feindlichen Agenten in uns und in unsere Welt, nämlich des Teufels. Die Wirklichkeit des Bösen ist nicht bloß ein Mangel, sondern eine wirkende Macht, ein lebendiges, geistiges Wesen, das pervertiert ist und selbst pervertiert: eine furchtbare, geheimnisvolle und beängstigende Wirklichkeit. Wer sich weigert, diese Realität anzuerkennen, verläßt den Boden der biblischen und kirchlichen Lehre, ebenso wer sie als ein in sich stehendes Prinzip betrachtet, das im Unterschied zu allen Geschöpfen nicht in Gott seinen Ursprung hätte, oder wer erklärt, sie sei eine Pseudo-Realität, eine begriffliche und eingebildete Personifizierung der unbekannten Ursachen unseres ganzen Elends."

Nach einer Reihe von Bibelzitaten, die seine Ausführungen stützten, fuhr Paul VI. fort: „Der Dämon ist der Feind Nummer eins, er ist der Versucher schlechthin.

Wir wissen, daß dieses finstere und verführerische Wesen wirklich existiert und nicht aufhört, seinen Einfluß auszuüben. Er ist der listige Zerstörer des moralischen Gleichgewichts des Menschen, der heimtückische Verlocker, der es versteht, in uns einzudringen (über die Sinne, die Phantasie, die Begierde, die utopistische Logik oder über ungeordnete soziale Kontakte), um Irrtümer zu verbreiten ..."

Der Papst hatte dann das mangelnde Problembewußtsein seitens der zeitgenössischen Theologie beklagt: „Es wäre sehr wichtig, die katholische Lehre über den Teufel und über den Einfluß, den er ausüben kann, erneut zu studieren, was heute allerdings wenig geschieht." Zu dem Thema ließ dann, offensichtlich in Verteidigung der bekräftigten Lehre des Papstes, die Glaubenskongregation eine Studie anfertigen (Juni 1975): „Im Hinblick auf die Dämonenlehre ist die Stellung der Kirche klar und fest. Die Existenz des Satans und der Dämonen ist im Lauf der Jahrhunderte niemals ausdrücklich zum Gegenstand einer Aussage des Lehramtes gemacht worden. Der Grund dafür ist, daß die Frage nie in dieser Form gestellt wurde." Der konstante und universale Glaube der Kirche hat immer auf der Existenz der Dämonen bestanden und die Bedrohung aufgezeigt, die sie für die Christen darstellen. Dieser Glaube gründet auf der Lehre des Neuen Testaments und auch auf der Liturgie, denn diese ist ein konkreter Ausdruck des gelebten Glaubens.

Ein Jahr vor seinem Tod sollte Paul VI. noch einmal in einer anderen Generalaudienz auf das Thema zurückkommen: „Es ist kein Wunder, wenn unsere Gesellschaft langsam, aber sicher von der Ebene wahren Menschentums herabgleitet ... Die Heilige Schrift mahnt uns mit Bitterkeit, daß die ganze Welt – hier im negativen Sinn verstanden – vom Bösen beherrscht wird."

Die Reaktion war jedesmal Geschrei, Protest; und seltsamerweise gerade in jenen Zeitungen und von Seiten jener Kommentatoren, die eigentlich die erneute Betonung eines Aspektes des Glaubens, den sie nach ihrer Aussage gänzlich ablehnen, nicht hätte berühren dürfen. Von ihrem Standpunkt aus wäre die Ironie angebracht gewesen. Aber warum der Zorn?

Der „Fürst dieser Welt“

Auch dieses Mal, nach unserer Veröffentlichung der Stellungnahme von Kardinal Ratzinger, war es genauso. Er brachte jenen Abriß seiner Aussagen im Zusammenhang mit der Ausführung über ein gewisses Abnehmen der missionarischen Spannung als Folge einer, wie er es nennt, „übertriebenen Akzentverlagerung auf die nichtchristlichen Religionen“ von Seiten einiger Autoren (der Hinweis des Präfekten war zu jenem Augenblick in besonderer Weise auf Afrika gemünzt): „Im übrigen soll man sich vor einer Romantisierung der animistischen Religionen hüten, die natürlich ‚Samen der Wahrheit‘ enthalten, aber in ihrer konkreten Form doch eine Welt der Angst schufen, für die Gott fern und die Erde den unberechenbaren Geistern ausgeliefert war. Wie es zur Zeit der Apostel im Mittelmeerraum geschehen war, wurde auch in Afrika die Verkündigung Christi, der die ‚Geistmächte‘ (Eph 6,12) besiegt hat, als Befreiung von der Angst erfahren. Friede und Unschuld des Heidentums sind eine der vielen Mythen unserer Tage.“ Ratzinger fuhr dann fort: „Was weniger tiefsehende Theologen auch immer dazu sagen mögen, der Teufel ist für den christlichen Glauben eine rätselhafte, aber reale, personale und nicht bloß symbolische Präsenz. Und er ist eine mächtige Wirklichkeit (‚der Fürst dieser Welt‘, wie das Neue Testament, das immer und immer wieder auf seine Existenz aufmerksam macht, ihn nennt), eine unheilvolle, übermenschliche Freiheit, die sich gegen die Freiheit Gottes richtet: wie eine realistische Betrachtung der Geschichte mit ihrem Abgrund an immer neuen Greueltaten, die vom Menschen allein her nicht zu erklären sind, zeigt. Der Mensch hat allein nicht die Kraft, sich dem Satan zu widersetzen; aber der Teufel ist kein zweiter Gott, und vereint mit Jesus haben wir die Gewißheit, ihn zu besiegen. Christus ist der ‚nahe Gott', der die Kraft und den Willen hat, uns zu befreien: Deshalb ist das Evangelium wirklich ‚gute Nachricht'. Und deshalb müssen wir ihn weiterhin in jenen Zonen der Angst und Unfreiheit, die die nichtchristlichen Religionen oft sind, verkündigen. Mehr noch: Die atheistische Kultur der modernen westlichen Welt überlebt noch dank der vom Christentum bewirkten Befreiung von der Angst vor den Dämonen. Sollte dieses erlösende Licht des Christentums aber erlöschen, würde die Welt samt all ihrem Wissen und ihrer Technologie erneut in eine ausweglose Angst vor der Unheimlichkeit und Undurchschaubarkeit des Seins zurückfallen. Schon gibt es Anzeichen der Wiederkehr solch dunkler Mächte, und in der säkularisierten Welt finden Satanskulte immer weitere Verbreitung."

Es ist unsere Pflicht, darüber zu informieren, daß solcherlei Äußerungen völlig im Rahmen der traditionellen Lehre der Kirche stehen, die auch vom II. Vatikanum bestätigt worden ist, das an 17 Stellen vom „Satan", vom „Dämon", von „dem Bösen", von „alter Schlange", „Macht der Finsternis" und „Fürst dieser Welt" spricht, mindestens fünfmal in *Gaudium et spes*, dem „optimistischsten" Text des gesamten Konzils.

Was die nichtchristlichen Religionen und den auch von der Angst befreienden Christus betrifft, so stimmt es zum einen, daß das II. Vatikanum glücklicherweise eine neue Phase des echten Dialogs mit den nichtchristlichen Religionen eröffnet hat. („Die katholische Kirche lehnt nichts von alledem ab, was in diesen Religionen wahr und heilig ist. Mit aufrichtigem Ernst betrachtet sie jene Handlungs-

und Lebensweisen, jene Vorschriften und Lehren, die zwar in manchem von dem abweichen, was sie selber für wahr hält und lehrt, doch nicht selten einen Strahl jener Wahrheit erkennen lassen, die alle Menschen erleuchtet" *Nostra aetate*, Art. 2). Aber dasselbe Konzil bestätigt im Dekret über die missionarische Aufgabe, dreimal im Text und einmal in einer Fußnote, die traditionelle Lehre, die zugleich auch die biblische ist, mit zahlreichen Schriftzitaten: „Gott (...) sandte (...) seinen Sohn in unserem Fleisch, damit er durch ihn die Menschen der Gewalt der Finsternis und Satans entreiße (Kol 1,13; Apg 10,38)" (*Ad gentes*, Art. 3). „Christus (...), der die Herrschaft des Teufels zerschlägt und die vielfältige Bosheit üblen Tuns in Schranken hält" (*Ad gentes*, Art. 9). Wir sind „durch die Sakramente der christlichen Initiation von der Macht der Finsternis befreit" (*Ad gentes*, Art. 14); und in bezug auf „diese Befreiung von der Knechtschaft Satans und der Finsternis", wie der Text lautet, verweist eine offizielle Fußnote auf fünf Stellen des Neuen Testamentes und auf die römische Taufliturgie. Dies stellen wir aus Verpflichtung zu objektiver Information fest, wobei wir uns jedoch der Tatsache sehr wohl bewußt sind, daß es immer riskant (und bisweilen irreführend) ist, aus dem Zusammenhang gerissene Zitate zu sammeln.

Was Ratzingers Bezugnahme auf die aktuelle Gegenwart betrifft („in der säkularisierten Welt finden Satanskulte immer weitere Verbreitung"), so weiß jeder, der informiert ist, daß bereits das beunruhigend ist, was zur Zeit an die Oberfläche kommt und in den Zeitungen steht, daß es sich dabei aber nur um die Spitze eines Eisberges handelt, der seine Fundamente gerade in den technologisch entwickeltsten Gebieten der Welt hat, angefangen in Kalifornien und Nordeuropa.

Alle näheren Präzisierungen und Erläuterungen, die wir gemacht haben, sind notwendig, aber gleichzeitig zwecklos, wenn sie von Kommentatoren *a priori* ignoriert werden, für die jede Andeutung auf diese beunruhigenden Wirklichkeiten als „mittelalterlich" gilt, wobei Mittelalter natürlich im Sinne des Manns auf der Straße verstanden wird, der von jenem „Alter der Mitte" noch die Vorstellung hat, wie sie von den Libellisten und Romanschriftstellern des europäischen 18. und 19. Jahrhunderts suggeriert worden ist.

Abschied vom Teufel?

Joseph Ratzinger, auch durch seine äußerst ausgedehnten theologischen Forschungen gestärkt, ist kein Mann, der sich durch die Reaktionen von Journalisten oder manchen „Fachleuten" beeindrucken läßt. In einem von ihm unterschriebenen Dokument kann man folgende, auf die Heilige Schrift gestützte Ermahnung lesen: „Es ist notwendig, daß wir – stark im Glauben – den Irrtümern widerstehen, auch wenn sie unter frommem Anschein sich darbieten, allein von der Absicht geleitet, die Wahrheit in Liebe zu tun (vgl. Eph 4,15), um so die Irrenden in der Liebe des Herrn umfangen zu können."

Er stellt die Ausführungen über den Teufel gewiß nicht in den Mittelpunkt seiner Reflexion (wohl wissend, daß das Entscheidende der Sieg über ihn ist, den Christus gebracht hat), aber eine derartige Erörterung gibt ihm Gelegenheit, in exemplarischer Weise auf theologische Arbeitsmethoden hinzuweisen, die er für unannehmbar hält. Auch in Anbetracht dieses „exemplarischen" Charakters erscheint uns der dem Thema gewidmete Raum nicht übertrieben. Hier kommt im übrigen (wie wir sehen werden) auch die Eschatologie, der unverzichtbare christliche Glaube an die Existenz eines Jenseits mit ins Spiel. Sicher ist dies der Grund, weshalb eines seiner bekanntesten Bücher (*Dogma und Verkündigung*) die Behandlung des traditionellen Themas über den Teufel unter die

„Hauptthemen der Verkündigung" einreiht. Und deshalb wiederum, so glauben wir, hat er, inzwischen Präfekt der Glaubenskongregation, das Vorwort zum Buch seines Kardinalskollegen Léon Suenens verfaßt, dessen Anliegen die Bestätigung der katholischen Lehre vom Teufel als einer „nicht symbolischen, sondern personalen Wirklichkeit" war.

Der Präfekt erzählte mir von dem bekannten Büchlein, mit dem einer seiner Kollegen, Professor für Exegese an der Universität Tübingen, bereits vom Titel her „Abschied vom Teufel" nehmen wollte. (Eine kleine Anekdote, bei deren Erzählung er herzlich lachte: Unter anderem wurde ihm jener Band vom Autor aus Anlaß einer kleinen Abschiedsfeier unter Professoren geschenkt, nachdem er einen Ruf an die Universität Regensburg erhalten hatte. Die Widmung im Buch lautete: „Dem lieben Kollegen Professor Joseph Ratzinger, von dem mir der Abschied bei weitem schwerer fällt als der Abschied vom Teufel" ...).

Die persönliche Freundschaft mit dem Kollegen hat ihn weder damals noch heute daran gehindert, seiner eigenen Linie zu folgen: „Wir müssen die Erfahrungen, die Leiden, die menschlichen Entscheidungen und auch die konkreten Bedürfnisse, die hinter bestimmten Theologien stehen, respektieren. Aber wir müssen dennoch mit äußerster Entschiedenheit bestreiten, daß es sich dabei noch um katholische Theologien handelt." Für ihn ist jenes Buch, das zur Verabschiedung des Teufels geschrieben ist (und das als Beispiel für eine ganze Reihe steht, die seit einigen Jahren in die Buchhandlungen gelangt), nicht „katholisch", weil „die Behauptung, in der die ganze Argumentation gipfelt, oberflächlich ist: ‚Wir haben schon verstanden, daß der Begriff ‚Teufel' im Neuen Testament einfach für den Begriff ‚Sünde' steht', wovon der Teufel nur ein Bild, ein Symbol ist". Ratzinger erinnert, daß damals, „als Paul VI. die reale Existenz des Satans betonte und die Versuche, ihn in einen abstrakten Begriff aufzulösen, verurteilte, derselbe Theologe – wobei er die Meinung vieler seiner Kollegen zum Ausdruck brachte – dem Papst vorwarf, er würde in ein archaisches Weltbild zurückfallen und durcheinanderwerfen, was in der Heiligen Schrift Struktur des Glaubens (die Sünde) und was nur geschichtlicher, zeitbedingter Ausdruck (Satan) sei".

Der Präfekt bemerkt jedoch (wobei er sich übrigens auf das bezieht, was er bereits als Theologe geschrieben hatte): „Wenn man diese Bücher aufmerksam liest, die sich der störenden diabolischen Präsenz entledigen möchten, ist man am Ende vom Gegenteil überzeugt: Die Evangelisten sprechen häufig davon und beabsichtigen keineswegs, in symbolischer Weise davon zu sprechen. Wie Jesus selbst waren sie überzeugt – und so wollten sie es auch lehren –, daß es sich um eine konkrete Macht handelt und gewiß nicht um ein Abstraktum. Der Mensch ist von ihr bedroht und wird von ihr durch Christus befreit, weil er allein als der ‚Stärkere' den ‚Starken' binden kann, um die Worte des Evangeliums (Lk 11,22) zu gebrauchen."

Wenn die Lehre der Heiligen Schrift so klar ist, wie läßt sich dann aber die Ersetzung des konkreten Begriffs „Satan" durch den abstrakten Begriff „Sünde" rechtfertigen?

Gerade hier erblickt er eine Methode, die von einem Teil der zeitgenössischen Exegese und Theologie verwendet wird, die er jedoch ablehnt: „In diesem speziellen Fall räumt man ein – man kann es nicht anders –, daß Jesus, die Apostel, die Evangelisten von der Existenz der dämonischen Mächte überzeugt waren. Aber gleichzeitig erklärt man es für abgemacht, daß sie in dieser ihrer Überzeugung ‚Opfer' der damaligen jüdischen Denkformen waren. Aber, da man es als gesichert voraussetzt, daß ‚diese Vorstellung nicht mehr mit unserem Weltbild vereinbar ist', wird durch eine Art Taschenspielertrick das gestrichen, was man für den durchschnittlichen Menschen von heute für unverständlich hält.

Folglich – so fährt er fort – heißt das, daß man sich beim ‚Abschied von Teufel' nicht auf die Heilige Schrift stützt (welche ja gerade das Gegenteil bekräftigt), sondern auf unser Weltbild. Man verabschiedet sich hier von einem für den gegenwärtigen Konformismus unbequemen Aspekt des Glaubens daher nicht als Exeget, als Ausleger der Heiligen Schrift, sondern als Zeitgenosse."

Diese Methoden führen für ihn zu einer schwerwiegenden Konsequenz: „Am Ende ist die Autorität, auf die jene Bibelwissenschaftler ihr Urteil gründen, nicht die Bibel selbst, sondern die dem Bibliker zeitgenössische Weltanschauung. Dieser spricht folglich als Philosoph oder als Soziologe, und seine Philosophie besteht nur in einer banalen, unkritischen Zustimmung zu den immer vorläufigen Überzeugungen der jeweiligen Zeit."

Folglich wäre dies, wenn ich richtig verstanden habe, die Umkehrung der traditionellen Methode theologischer Arbeit: nicht mehr die Schrift beurteilt die „Welt", sondern die „Welt" beurteilt die Schrift.

Dazu sagt er: „Es ist das beständige Bemühen um eine Verkündigung, die das darstellt, was wir schon wissen oder was jedenfalls dem Zuhörer angenehm ist. Was jedenfalls den Teufel angeht, so hält auch heute der Glaube, wie er immer getan hat, an der geheimnisvollen, aber objektiven, beängstigenden Wirklichkeit fest. Aber der Christ weiß, daß derjenige, der Gott fürchtet, nichts und niemanden zu fürchten braucht: Die Gottesfurcht ist Glaube, sie ist etwas sehr anderes als eine versklavende Furcht, als eine Angst vor den Dämonen. Die Gottesfurcht ist aber auch etwas sehr anderes als ein angeberischer Mut, der den Ernst der Wirklichkeit nicht sehen will. Dem wirklichen Mut ist es gerade eigen, daß er nicht die Augen vor den Dimensionen der Gefahr verschließt, sondern daß er die Gefahr realistisch betrachtet."

Nach Ansicht des Kardinals muß die kirchliche Pastoral „die angemessene Sprache für einen immer gültigen Inhalt finden: Das Leben ist Ernstfall, wir müssen auf der Hut sein, daß wir die an alle ergehende Verheißung des ewigen Lebens, der ewigen Freundschaft mit Christus, nicht zurückweisen. Wir dürfen uns nicht der Mentalität vieler gläubiger Menschen von heute hingeben, die meinen, es würde genügen, wenn man sich mehr oder weniger so verhält, wie es die Mehrheit tut, und alles würde von selbst gut gehen".

Er fährt fort: „Die Katechese muß wieder dahin zurückkehren, nicht eine Meinung neben anderen zu sein, sondern eine Gewißheit, die aus dem Glauben der Kirche schöpft, dessen Inhalte die verbreitete Meinung bei weitem übersteigen. Dagegen wird in einem nicht geringen Teil der modernen Katechese der Begriff ‚ewiges Leben' kaum noch erwähnt, das Problem des Todes nur gestreift und in den meisten Fällen nur in bezug auf die Frage, wie sein Eintreten hinausgezögert werden könnte oder wie seine Bedingungen erträglicher gemacht werden können. Da bei vielen Christen der eschatologische Sensus verschwunden ist, ist der Tod von Schweigen, von der Angst oder vom Versuch, ihn zu banalisieren, umgeben. Jahrhundertelang hat uns die Kirche gelehrt, darum zu beten, daß uns der Tod nicht unvorhergesehen überrascht, daß uns Zeit gegeben werde, uns darauf vorzubereiten; jetzt wird gerade der plötzliche Tod als Gnade angesehen. Aber den Tod nicht anzunehmen und nicht zu respektieren, heißt auch das Leben nicht anzunehmen und zu achten."

Man hat den Eindruck, sage ich, daß die christliche Eschatologie (sofern man noch davon spricht) allein auf den „Himmel" reduziert worden ist, wobei selbst dieser Name Probleme macht; man schreibt ihn in Anführungszeichen, und es fehlt auch hier nicht an Stimmen, die ihn in irgendeinen orientalischen Mythos auflösen wollen. Natürlich wären wir alle froh, wenn es in unserer Zukunft keine andere Möglichkeit gäbe als die ewige Seligkeit. Und in der Tat findet, wer die Evangelien liest, darin vor allem *die* gute Nachricht, die tröstende Verkündigung der unendlichen und unermeßlichen Liebe des Vaters. Aber daneben finden wir in den Evangelien auch den klaren Hinweis, daß ein Scheitern möglich und ein Zurückweisen der Liebe nicht unmöglich ist. Sind nicht die Evangelien, gerade weil sie „wahr" sind, zugleich tröstende und herausfordernde Texte, Verheißungen, die sich an freie und folglich auf unterschiedliche Geschicke hin offene Menschen wenden? Das Fegfeuer zum Beispiel; was ist aus dem Fegfeuer geworden?

Er schüttelt den Kopf: „Tatsache ist, daß wir heute alle glauben, wir wären so gut, daß wir nichts anderes als den Himmel verdienen würden! Hierfür trägt gewiß eine Kultur die Verantwortung, die mit mildernden Umständen und Alibis versucht, den Menschen den Sinn für ihre Schuld, ihre Sünde zu entziehen. Jemand hat bemerkt, daß die heute vorherrschenden Ideologien von einem gemeinsamen Grunddogma getragen seien: der hartnäckigen Leugnung der Sünde, das heißt gerade jener Wirklichkeit, mit der der Glaube an die Hölle, an das Fegfeuer verknüpft ist. Aber für das Schweigen in bezug auf das Fegfeuer ist auch etwas anderes verantwortlich."

Und was?

„Der zunächst in der protestantischen Tradition entwickelte *Biblizismus*, der nun zusehends auch in die katholische Theologie Eingang gefunden hat. So behauptet man, daß die expliziten Texte der Schrift über jenen Zustand, den die Tradition ‚Fegfeuer' genannt hat (der Begriff ist wohl relativ spät, aber die Wirklichkeit wurde offensichtlich von den Christen von Anfang an geglaubt), nicht ausreichen würden und nicht genügend klar wären. Aber dieser *Biblizismus* – ich habe das schon bei anderer Gelegenheit gesagt – hat kaum etwas zu tun mit dem katholischen Verständnis, nach dem die Bibel in der Kirche und in ihrem Glauben gelesen werden muß. Ich sage, wenn das Fegfeuer nicht existieren würde, müßte man es erfinden."

Und weshalb?

„Weil nur wenige Dinge so unmittelbar, so menschlich und so allgemein verbreitet sind – zu jeder Zeit und in jeder Kultur –, wie das Gebet für die eigenen lieben Verstorbenen."

Calvin, der Reformator von Genf, ließ eine Frau auspeitschen, weil sie dabei ertappt wurde, als sie am Grab ihres Sohnes betete und somit seiner Ansicht nach des „Aberglaubens" schuldig war.

„Die Reformation läßt das Fegfeuer theoretisch nicht zu, folglich lehnt sie auch das Gebet für die Verstorbenen ab – präzisiert er. Tatsächlich sind in der Praxis zumindest die deutschen Lutheraner dorthin zurückgekehrt und finden auch bedenkenswerte theologische Wege, dies zu begründen. Für die eigenen Lieben zu beten ist ein zu unmittelbarer Antrieb, als daß er unterdrückt werden könnte; es ist ein überaus schönes Zeugnis der Solidarität, der Liebe, der Hilfe, die über die Grenzen des Todes hinausreicht. Von meiner Erinnerung oder von meinem Vergessen hängt zum Teil das Glück oder das Unglück dessen ab, der mir lieb war und nun zum anderen Ufer hinübergegangen ist, der aber nicht aufhört, meiner Liebe zu bedürfen."

Aber der Begriff des „Ablasses", den man für sich selbst oder für einen Toten gewinnen kann, scheint aus der Praxis und vielleicht auch aus der offiziellen Katechese verschwunden zu sein ...

„Ich würde nicht sagen verschwunden, wohl aber hat er an Bedeutung eingebüßt, weil er im aktuellen Denken keine Plausibilität hat. Die Katechese jedoch hat nicht das Recht, den Begriff aufzugeben. Man bräuchte keine Scheu haben zuzugeben, daß – in einem bestimmten kulturellen Kontext – die Pastoral sich schwertut, eine Glaubenswahrheit verständlich zu machen. Vielleicht ist dies beim ‚Ablaß' der Fall. Aber Probleme mit der Übertragung in die zeitgenössische Sprechweise bedeuten gewiß nicht, daß die Wahrheit, um die es geht, keine mehr ist. Und dies gilt auch für andere Bereiche des Glaubens."

Um noch bei der Eschatologie zu bleiben, der „Limbus" ist aber verschwunden, also jener Zwischenort, in den die ungetauften und somit nur mit dem „Makel" der Erbsünde verstorbenen Kinder kommen sollten. Davon gibt es zum Beispiel in den offiziellen Katechismen des italienischen Episkopats keine Spur mehr.

„Der Limbus ist niemals definierte Glaubenswahrheit gewesen. Ich persönlich – wobei ich mehr als bisher als Theologe und nicht als Präfekt der Kongregation spreche – würde ihn fallen lassen, da er immer nur eine theologische Hypothese gewesen ist. Es handelte sich um eine sekundäre These, die einer Wahrheit diente, die absolut erstrangig für den Glauben ist: die Wichtigkeit der Taufe.

Um es mit den Worten Jesu an Nikodemus zu sagen: ‚Amen, amen, ich sage dir: Wenn jemand nicht aus Wasser und Geist geboren wird, kann er nicht in das Reich Gottes kommen' (Joh 3,5). Man sollte den Begriff ‚Limbus' ruhig aufgeben, wenn es notwendig ist (übrigens bekräftigten dieselben Theologen, die ihn vertraten, gleichzeitig, daß die Eltern den Limbus für ihr Kind durch das Begehren seiner Taufe und durch das Gebet verhindern könnten); aber man darf nicht das Anliegen aufgeben, das dahinterstand. Die Taufe ist niemals etwas Nebensächliches für den Glauben gewesen, sie ist es nicht und wird es niemals sein."

Ein Dienst an der Welt

Von der Taufe kommen wir wieder auf die Sünde zurück und mit ihr zu dem unbequemen Thema, von dem wir ausgegangen waren.

Um seinen Gedanken abzurunden, sagt er: „Je mehr man die Heiligkeit Gottes versteht, um so mehr versteht man den Gegensatz zu dem, was heilig ist: und das heißt die trügerischen Masken des Dämons. Höchstes Beispiel dafür ist Jesus Christus selbst: Vor ihm, dem Heiligen schlechthin, konnte sich der Satan nicht verbergen, und er war beständig gezwungen, seine Wirklichkeit zu offenbaren. Deshalb könnte man vielleicht sagen, daß das Verschwinden des Bewußtseins des Dämonischen auf einen gleichzeitigen Verfall der Heiligkeit hinweist. Der Teufel kann sich in sein bevorzugtes Element flüchten, in die Anonymität, wenn nicht das Licht dessen, der mit Christus vereint ist, leuchtet, um ihn zu überführen."

Ich fürchte wirklich, Herr Kardinal, daß man Sie mit derartigen Äußerungen wieder und noch schärfer des „Obskurantismus" bezichtigen wird.

„Da kann ich nichts machen. Ich kann nur daran erinnern, daß ein so ‚unvoreingenommener', so ‚moderner' Theologe wie Harvey Cox schrieb – und das war noch in seiner säkularisierenden, entmythologisierenden Phase –, daß ‚die Massenmedien (Spiegel unserer Gesellschaft), indem sie bestimmte Verhaltensmuster präsentieren, bestimmte menschliche Ideale vorschlagen, an die unausgetriebenen Dämonen appellieren, die in uns und um uns sind'. So daß gerade für Cox es von Seiten der Christen ‚nötig sei, zu klaren Worten des Exorzismus zurückzukehren'."

Bedeutet das, wage ich zu fragen, die Wiederentdeckung des Exorzismus als einer Art „sozialer Dienst"?

Er sagt: „Wer die Abgründe unseres Zeitalters klar vor Augen hat, sieht Mächte am Werk, die darauf aus sind, die Beziehungen zwischen den Menschen zu zersetzen. Der Christ kann dann entdecken, daß seine Aufgabe als Exorzist jene Bedeutung wiedererlangen muß, die sie in den Anfängen des Glaubens hatte. Das Wort ‚Exorzismus' darf dabei natürlich nicht im technischen Sinn verstanden werden; es bedeutet hier einfach die Haltung des Glaubens im ganzen, der ‚die Welt überwindet' und den Fürsten der Welt ‚hinauswirft'. Der Christ weiß – wenn er den Abgrund gewahr zu werden beginnt –, daß er der Welt einen Dienst schuldet. Lassen wir uns nicht von jener gängigen Vorstellung anstecken, nach der ‚wir mit ein wenig gutem Willen alle Probleme lösen können'. Eigentlich müßten wir, auch wenn wir nicht den Glauben hätten, aber wirklich Realisten wären, uns darüber im klaren sein, daß wir ohne die Hilfe einer höheren Macht – die für den Christen allein der Herr ist – Gefangene einer unheilvollen Geschichte sind."

Setzt sich all das nicht dem Vorwurf des „Pessimismus" aus?

„Nein, gewiß nicht – antwortet er –, denn wenn wir mit Christus vereint bleiben, sind wir uns gewiß, den Sieg zu erringen. Das wiederholt uns auch Paulus: ‚Werdet stark durch die Kraft und Macht des Herrn! Zieht die Rüstung Gottes an, damit ihr den listigen Anschlägen des Teufels widerstehen könnt ...' (Eph 6,10f). Wenn wir aufmerksam auf die jüngste säkulare Kultur blicken, bemerken wir, wie der leichte, naive Optimismus gerade dabei ist, sich in sein Gegenteil zu verkehren: in den radikalen Pessimismus und verzweifelten Nihilismus. Es kann folglich sein, daß jene Christen, denen man bislang vorgeworfen hat, daß sie ‚Pessimisten' seien, den Brüdern helfen müssen, dieser Verzweiflung zu entkommen, indem sie ihnen den radikalen Optimismus vorschlagen – diesen untrügerischen –, dessen Name Jesus Christus ist."

Der Sieg über das Böse

„Über den Teufel – so hat einmal jemand gesagt – redet man letzten Endes immer zu viel oder zu wenig." Nachdem der Kardinal das *Zuwenig* von heute angeprangert hat, drängt er uns, auf die gegenteilige Gefahr des *Zuviel* zu kommen: „Das Mysterium des Bösen muß in eine christliche Grundperspektive eingefügt werden, in die der Auferstehung Jesu Christi und seines Sieges über die Mächte des Bösen. In einer solchen Sicht entfaltet die Freiheit des Christen und seine ruhige Gewißheit, die ‚die Furcht vertreibt' (1 Joh 4,18), alle ihre Dimensionen: Die Wahrheit vertreibt die Furcht, und gerade deshalb erlaubt sie es, die Macht des Bösen anzuerkennen. Wenn die Zweideutigkeit das Kennzeichnende des Dämonischen ist, besteht das Wesen des Kampfes des Christen gegen den Dämon darin, Tag für Tag im Licht der Klarheit des Glaubens zu leben."

Man hat dann darauf hingewiesen, daß – damit die katholische Wahrheit nicht aus dem Gleichgewicht gerät – die Gläubigen an die andere Seite der Wahrheit erinnert werden müssen, die die Kirche in Übereinstimmung mit der Heiligen Schrift immer bekannt hat: nämlich die Existenz der guten Engel Gottes, jener Geisteswesen, die in Gemeinschaft mit den Menschen leben und die Aufgabe haben, ihnen im Kampf beizustehen. Wir befinden uns natürlich auch hier im Bereich des für ein modernes Empfinden, das alles zu wissen glaubt, „Anstößigen". Aber im Glauben *tout se tient*, man kann nicht Steine aus dem gesamten Gebäude isolieren oder herausnehmen: Zu den auf geheimnisvolle Weise „gefallenen" Engeln, denen eine dunkle Rolle als Versucher zugefallen ist, gesellt sich „der lichtvolle Anblick eines geistigen Heeres, das mit den Menschen in der Liebe vereint ist". Eine Welt, die in der Liturgie des christlichen Westens und Ostens einen breiten Raum innehat und zu der das Vertrauen zu jenem weiteren Beweis der Fürsorge Gottes für die Menschen gehört, zum „Schutzengel", der jedem gegeben ist und an den sich eines der beliebtesten und verbreitesten Gebete der Christenheit richtet. Er ist eine wohltätige Präsenz, die das Bewußtsein des Volkes Gottes immer als ein konkretes und weiteres Zeichen der Vorsehung, des Interesses des Vaters für seine Kinder empfunden hatte.

Jedoch der Kardinal betont, daß „die den Kategorien des Dämonischen entgegengesetzte Wirklichkeit die dritte Person der Trinität, der Heilige Geist, ist". Er erklärt: „Der Satan ist der Zerstörer schlechthin, er ist der Zersetzer jeder Beziehung: der Beziehung des Menschen zu sich selbst und der Beziehung der Menschen untereinander. Er ist folglich das genaue Gegenteil zum Heiligen Geist, dem absoluten ‚Mittler', der *die* Beziehung verbürgt, in der alle anderen gründen und von der sie herkommen: die trinitarische Beziehung, durch die der Vater und der Sohn eins sind, *ein* Gott in der Einheit des Geistes."

Heute, so bemerke ich, ist eine Wiederentdeckung des Heiligen Geistes im Gang, der vielleicht in der westlichen Theologie zu sehr in Vergessenheit geraten ist. Es handelt sich nicht nur um eine theoretische Wiederentdeckung, sondern sie erfaßt wachsende Massen von Menschen in den sogenannten Bewegungen der „Charismatischen Erneuerung" oder „Erneuerung im Geiste".

„So ist es – bestätigte er –, die Zeit nach dem Konzil schien den Hoffnungen von Johannes XXIII. kaum zu entsprechen, der sich ein ‚neues Pfingsten' versprach. Jedoch ist sein Gebet nicht ungehört geblieben: Im Herzen einer vom rationalistischen Skeptizismus ausgetrockneten Welt ist eine neue Erfahrung des Heiligen Geistes entstanden, die das Ausmaß einer Erneuerungsbewegung auf Weltebene angenommen hat. Was das Neue Testament in bezug auf die Charismen als die sichtbaren Zeichen für das Kommen des Geistes schreibt, ist nicht mehr nur alte, endgültig vergangene Geschichte: Diese Geschichte wird heute erregende Aktualität.

Es ist kein Zufall – betont er in Bestätigung seiner Sicht des Geistes als Antithese zum Dämonischen –, während eine verkürzende Theologie den Dämon und die Welt der bösen Geister wie ein bloßes Etikett behandelt, findet sich im Zusammenhang mit der Erneuerung ein neues, konkretes Bewußtwerden der Mächte des Bösen, wohlverstanden neben der stillen Gewißheit der Macht Christi, der sie alle unterwirft."

Institutionelle Pflicht des Kardinals ist es jedoch – hier wie anderswo –, die möglichen „Kehrseiten der Medaille" zu prüfen. Was die Charismatische Bewegung betrifft, „ist es vor allem nötig, das Gleichgewicht zu bewahren, sich vor einer ausschließlichen Betonung des Geistes zu hüten, der, daran erinnert auch Jesus, ‚nicht aus sich selbst heraus spricht', sondern lebt und wirkt im Inneren des trinitarischen Lebens". Eine derartige Betonung, sagt er, „könnte dazu führen, daß man einer hierarchisch strukturierten Kirche (die ihrerseits auf Christus gegründet ist) eine ‚charismatische' Kirche entgegenstellt, die nur auf der ‚Freiheit des Geistes' gründet, eine Kirche, die sich selbst für ein ständig neues ‚Ereignis' hält".

„Erhaltung des Gleichgewichts – fährt er fort – bedeutet auch Wahrung des rechten Verhältnisses zwischen Institution und Charisma, zwischen gemeinsamem Glauben der Kirche und persönlicher Erfahrung. Ein dogmatischer Glaube ohne persönliche Erfahrung bleibt leer; eine reine Erfahrung ohne Verbindung zum Glauben der Kirche ist blind. Schließlich ist das, was zählt, nicht das ‚Wir' der Gruppe, sondern das große ‚Wir' der universalen Kirche; sie und nur sie kann den angemessenen Rahmen abgeben, auf daß ‚man den Geist nicht auslösche und das halte, was gut ist', wie der Apostel ermahnt."

Darüber hinaus, um das Panorama der „Risiken" auszuleuchten, „muß man sich vor einem zu leichtfertigen Ökumenismus hüten, aufgrund dessen katholische charismatische Gruppen ihre Identität verlieren und sich gerade im Namen des ‚Geistes', der als Gegensatz zur Institution betrachtet wird, in unkritischer Weise Formen von Pfingstlertum nichtkatholischen Ursprungs anschließen könnten". Die katholischen Erneuerungsgruppen müssen deshalb „mehr denn je ‚mit der Kirche fühlen', *sentire cum Ecclesia,* in jedem Fall in Einheit mit dem Bischof handeln, unter anderem auch, damit die Folgen vermieden werden, die sich immer dann einstellen, wenn die Heilige Schrift aus ihrem gemeinschaftlichen Kontext gerissen wird: der Fundamentalismus, der Esoterismus, das Sektierertum."

Sieht der Kardinal nach diesen Warnungen vor möglichen Risiken den Eintritt der Charismatischen Erneuerungsbewegung in das Rampenlicht der Kirche doch auch positiv?

„Gewiß – bestätigt er –, es handelt sich um eine Hoffnung, um ein positives Zeichen der Zeit, um eine Gabe Gottes an unserer Epoche. Es ist eine Wiederentdeckung der Freude und des Reichtums des Gebetes gegenüber den als Folge vom säkularisierten Rationalismus immer mehr erstarrten und ausgetrockneten Theorien und Praktiken. Ich selbst habe persönlich die Wirkungskraft dieser Bewegung festgestellt: In München sind mir aus ihr einige gute Berufungen zum Priestertum erwachsen. Wie ich bereits sagte, ist wie jede andere dem Menschen anvertraute Wirklichkeit auch diese Mißverständnissen, Fehldeutungen, Übertreibungen ausgesetzt. Gefährlich wäre es jedoch, nur die Risiken zu sehen und nicht auch die vom Geist dargebotene Gabe. Die notwendige Vorsicht ändert somit nichts am grundsätzlich positiven Urteil."

Ökumenische Fragen

Kommen wir nun zur Ökumene, zu den Beziehungen zwischen den verschiedenen christlichen Konfessionen. Als Bürger eines mehrkonfessionellen Landes wie Deutschland hat Joseph Ratzinger diesbezüglich in den vergangenen Jahren beachtliche Dinge geschrieben. Heute, in seiner neuen Position, ist ihm die ökumenische Frage gewiß nicht weniger präsent.

Er sagt: „Das ökumenische Bemühen ist in dieser kirchengeschichtlichen Periode integrierender Bestandteil der Entwicklung des Glaubens." Aber auch hier – und um so mehr, je wichtiger die Themen sind – empfindet er ein Bedürfnis nach Klarheit. Er bemerkte einmal: „Wenn man auf dem falschen Weg läuft, entfernt man sich vom Ziel." Was somit ihn betrifft, so ist er wachsam, er übt seine „kritische Funktion" in der Überzeugung aus, daß – wie überall – „auch auf ökumenischem Gebiet Mißverständnisse, Ungeduld und Leichtfertigkeiten das Ziel eher ferner rücken lassen, als daß sie es näher bringen".

Er ist überzeugt, daß „klare Definitionen des eigenen Glaubens allen dienen, auch dem Gesprächspartner", und daß „der Dialog den katholischen Glauben vertiefen und läutern, nicht aber in seinem wahren Wesen verändern kann".

Ich beginne mit einer „Provokation": Eminenz, es gibt Stimmen, die sagen, im Katholizismus sei ein „Protestantisierungsprozeß" im Gange.

Wie gewohnt, geht seine Antwort auf den Kern der Frage ein und verschanzt sich nicht hinter verschleiernden „Distinktionen“: „Die Antwort auf diese Frage hängt zunächst davon ab, wie man den Inhalt von ‚Protestantismus‘ definiert. Wer heute von ‚Protestantisierung‘ der katholischen Kirche spricht, versteht wohl im allgemeinen darunter eine Veränderung im Grundverständnis von Kirche, eine andere Auffassung über das Verhältnis von Kirche und Evangelium. Die Gefahr einer solchen Veränderung besteht tatsächlich; sie ist nicht nur ein Schreckbild bestimmter integralistischer Kreise.“

Aber warum sollte gerade der Protestantismus – dessen Krise gewiß nicht kleiner ist als die katholische – heute Theologen und Gläubige anziehen, die bis zum Konzil der römischen Kirche treu geblieben waren?

„Das ist sicher nicht leicht zu erklären. Mir drängt sich folgende Erwägung auf: Der Protestantismus ist in der beginnenden Neuzeit entstanden und ist so mit den inneren Kräften, die die Neuzeit hervorgebracht haben, viel enger verwandt als der Katholizismus. Seine heutige Gestalt hat er weitgehend in der Begegnung mit den großen philosophischen Strömungen des 19. Jahrhunderts gefunden. Es ist seine Chance und seine Gefahr, daß er dem neuzeitlichen Denken weit offensteht. So kann gerade bei katholischen Theologen, die mit der herkömmlichen Theologie nichts mehr anzufangen wissen, die Meinung entstehen, hier seien die richtigen Wege für die Verschmelzung von Glaube und Modernität schon vorgebahnt.“

Welche Prinzipien spielen da eine Rolle?

„Eine Schlüsselrolle kommt nach wie vor dem *Sola-Scriptura*-Prinzip zu. Der heutige Durchschnittschrist entnimmt diesem Prinzip, daß der Glaube aus der individuellen Anschauung, aus der intellektuellen Beschäftigung und aus dem Beitrag des Fachmanns hervorgeht, und eine solche Auffassung erscheint ihm moderner und einleuchtender als die katholischen Positionen. Gehen wir noch tiefer: Aus einer solchen Vorstellung ergibt sich dann von selbst, daß der katholische Kirchenbegriff nicht mehr nachvollziehbar ist und man sich ein Kirchenmodell irgendwo im weiten Bereich des Phänomens ‚Protestantismus' suchen muß."

So kommt also, wie fast immer, wiederum die Ekklesiologie mit ins Spiel?

„Ja, denn für den modernen Menschen ist am ehesten ein Kirchenbegriff einleuchtend, den man in der Fachsprache als kongregationalistisch oder als freikirchlich bezeichnen würde. Er läuft darauf hinaus, daß die Kirche eine veränderliche Form ist, wie Menschen die Sache des Glaubens organisieren, so daß man möglichst dem entspricht, was der Augenblick zu erfordern scheint. Wir haben darüber schon mehrmals gesprochen, aber es lohnt sich, darauf zurückzukommen: Es ist heute für viele kaum mehr verständlich, daß hinter einer menschlichen Wirklichkeit die geheimnisvolle göttliche Wirklichkeit steht. Und wie wir wissen, ist dies das katholische Verständnis von Kirche, und es ist sehr viel schwerer zu akzeptieren als das eben skizzierte, das übrigens auch nicht einfach das ‚protestantische' überhaupt ist, sondern sich im Rahmen des Phänomens ‚Protestantismus' gebildet hat."

Ende 1983 – dem Jahr des 500. Geburtstags von Martin Luther – haben angesichts der Begeisterung mancher katholischer Festteilnehmer böse Zungen behauptet, der Reformator könnte heute die Dinge von damals lehren und gleichzeitig ungestört einen Lehrstuhl an einer Universität oder in einem katholischen Seminar innehaben. Was sagt der Präfekt dazu? Glaubt er, daß die von ihm geleitete Kongregation den Augustinermönch zu einem ‚informativen Gespräch' einladen würde?

Er lächelt: „Ja, ich glaube tatsächlich, daß man auch heute sehr ernsthaft mit ihm sprechen müßte und daß das, was er gesagt hat, auch heute nicht als ‚katholische Theologie' angesehen werden könnte. Wäre es anders, so wäre der ökumenische Dialog überflüssig, der ja dieses kritische Gespräch mit Luther sucht und gerade danach fragt, wie man das Große in seiner Theologie retten und das Unkatholische an ihr überwinden kann."

Es wäre interessant zu wissen, welche Themen die Glaubenskongregation zum Anlaß nehmen würde, um auch heute einzugreifen.

Er zögert nicht mit der Antwort: „Auch auf die Gefahr hin, daß ich langweilig werde, glaube ich, daß es wiederum um das ekklesiologische Problem gehen würde. Auf der Leipziger Disputation zeigte Martin Luthers Gesprächspartner diesem unwiderlegbar, daß seine ‚neue Lehre' sich nicht nur gegen das Papsttum richtete, sondern auch gegen die Tradition, wie sie klar von den Vätern und den Konzilien zum Ausdruck gebracht ist. Luther war gezwungen, das zuzugeben, und erklärte dann, daß auch ökumenische Konzilien geirrt hätten, womit die Autorität des Exegeten über die Autorität der Kirche und ihrer Überlieferung gestellt ist."

Erfolgte also in jenem Augenblick der entscheidende Bruch?

„Ich glaube in der Tat, daß dies der entscheidende Augenblick war. Denn damit war die katholische Überzeugung von der Kirche als der authentischen Auslegerin des wahren Sinnes der Offenbarung aufgegeben. Luther konnte die Gewißheit nicht mehr teilen, die in der Kirche ein gemeinsames, über der privaten Intelligenz und Interpretation stehendes Bewußtsein erkennt. So ist das Verhältnis zwischen der Kirche und dem einzelnen, zwischen der Kirche und der Bibel grundlegend verändert. An diesem Punkt müßte also die Kongregation mit Luther reden, wenn er noch lebte; besser gesagt: Über diesen Punkt reden wir in den ökumenischen Gesprächen mit ihm. Im übrigen liegt diese Frage natürlich weitgehend auch unseren Gesprächen mit katholischen Theologen zugrunde: Katholische Theologie legt den Glauben der Kirche aus; wo sie von Auslegung zu autonomer Rekonstruktion übergeht, tut man etwas anderes."

Auf dem Weg zur Einheit

Herr Kardinal, bleiben wir noch bei der „Provokation", prüfen wir also noch weiter, was böse Zungen behaupten ... Es gibt zum Beispiel Leute, die sagen, daß die Ökumene in diesen Jahren oft im Sinne einer Einbahnstraße verlaufen ist. Entschuldigungen und Bitten um Vergebung – wohlgemerkt, oft wohl auch sehr gerechtfertigte – von katholischer Seite; aber von protestantischer Seite erneute Behauptung der eigenen Positionen und nur zögernde Bereitschaft (so scheint es zumindest), Ursprünge und Verlauf der Reformation kritisch zu überprüfen.

„Das mag zum Teil stimmen – antwortet er –, eine bestimmte Haltung in der nachkonziliaren katholischen Ökumene war vielleicht von einem gewissen Masochismus, wie von einem etwas perversen Bedürfnis geprägt, sich für alle Katastrophen der Vergangenheit für schuldig zu erklären. Im Hinblick jedoch auf die deutsche Situation, die ich von innen her kenne, muß ich sagen, daß mich mit wahrhaft geistlichen Protestanten eine Freundschaft verbindet, Menschen, für die ich Verehrung empfinde. Diesen Personen ist ein wirklich tiefes christliches Leben eigen, und sie empfinden auch tief die Schuld aller Christen an den Spaltungen, die uns quälen. Es ist daher meiner Überzeugung nach ungerecht, die Idee der Einbahnstraße zu verallgemeinern. Es gibt durchaus auch auf protestantischer Seite eine neue Zuwendung zu Grundelementen des Katholischen."

Was vor allem ist von reformatorischer Seite Gegenstand einer Revision?

„Man beginnt die Notwendigkeit einer Tradition wiederzuentdecken, ohne die der Bibel das Fundament entzogen wird; sie bleibt ein altes Buch unter vielen anderen. Diese Wiederentdeckung ist auch durch die Tatsache begünstigt, daß die Protestanten zusammen mit den Orthodoxen im Ökumenischen Rat von Genf sind, jener Organisation, die einen großen Teil der christlichen Kirchen und Gemeinschaften zusammenschließt. Nun: Von ‚östlicher Orthodoxie' zu sprechen, bedeutet, von ‚Tradition' zu sprechen.

Im übrigen – fügt er hinzu –, ein exklusives Beharren auf dem *Sola Scriptura* des klassischen Protestantismus hätte keine Überlebenschancen, und heute befindet es sich mehr denn je in einer Krise gerade infolge der im reformatorischen Bereich entstandenen und vorangetriebenen ‚wissenschaftlichen' Exegese, die gezeigt hat, wie sehr die Evangelien ein Produkt der frühen Kirche sind; ja, wie die gesamte Schrift nichts anderes als Tradition ist. So sehr, daß einige lutherische Gelehrte mit der Auffassung der orthodoxen Kirche des Ostens zu konvergieren scheinen: nicht *Sola Scriptura,* sondern *Sola Traditio*. Im übrigen gibt es bei protestantischen Theologen auch eine Wiederentdeckung der Autorität, von so etwas wie einer

Hierarchie (das heißt einem sakramentalen geistlichen Amt) und der Wirklichkeit der Sakramente."

Er lächelt, wie in Gedanken: „Wenn wir Katholiken diese Dinge sagten, war es für Protestanten schwer, sie sich anzueignen. Von den Ostkirchen vorgebracht, hat man sie mit größerer Aufmerksamkeit angehört und studiert, vielleicht, weil man jenen Christen weniger mißtraute, deren Anwesenheit im Rat von Genf sich somit als ein Werk der Vorsehung erweist."

Es gibt also Bewegung auch auf protestantischer Seite; gibt es demnach eine Bewegung auf Positionen zu, die sich eines Tages als gemeinsam erweisen könnten?

Ratzinger ist als Realist im guten Sinne jedem naiven Optimismus fern: „Ja, es gibt eine Bewegung, also ein Eingeständnis der Untreue gegenüber Christus von seiten aller Christen, nicht nur von katholischer Seite. Als bis jetzt unüberwindbare Grenze bleibt jedoch jenes unterschiedliche Kirchenverständnis bestehen. Für einen reformatorischen Christen wird es immer schwer, wenn nicht gar unmöglich sein, das Priestertum als Sakrament und als unabdingbare Voraussetzung für die Eucharistie zu akzeptieren. Denn um dies zu akzeptieren, wäre es notwendig, die Struktur der auf die apostolische Sukzession gegründeten Kirche zu akzeptieren. Allenfalls – wenigstens für jetzt – kann man so weit kommen zuzugeben, daß ein auf die apostolische Sukzession gegründeter Kirchentyp die bessere Lösung darstellt; nicht aber, daß er die einzige, unabdingbare ist."

Wiederum wegen dieses, wenigstens für das gegenwärtige Empfinden, „gängigeren", naheliegenderen Kirchenverständnisses, sind – nach Ratzingers Ansicht – dort, wo Protestanten und Katholiken zusammenleben, die letzteren mehr der Gefahr ausgesetzt, die Positionen des anderen zu übernehmen. „Der echte Katholizismus – sagt er –

ist ein empfindliches Gleichgewicht, er ist ein Versuch, Aspekte im Leben zu vereinigen, die sich zu widersprechen scheinen, die aber die Vollständigkeit des *Credo* gewährleisten. Der Katholizismus erfordert außerdem eine Glaubenshaltung, die oft in radikalem Widerspruch zur heute herrschenden Meinung steht."

Als Beispiel nennt er mir die erneute Weigerung Roms, die „Interkommunion", das heißt die Möglichkeit für einen Katholiken, an der Eucharistie einer reformatorischen Kirche teilzunehmen, zuzulassen. Er sagt: „Selbst viele Katholiken sind der Meinung, daß diese Weigerung letzte Frucht einer intoleranten Haltung sei, die der Vergangenheit angehören sollte. ‚Seid nicht so streng, so anachronistisch!' beschwören uns viele. Aber es ist keine Frage von Intoleranz oder ökumenischen Zögerns: Für das katholische Bekenntnis gibt es ohne apostolische Sukzession kein authentisches Priestertum, folglich kann es keine im eigentlichen Sinn sakramentale Eucharistie geben. Wir glauben, daß es vom Begründer des Christentums selbst so gewollt ist."

Es ist bereits indirekt auf die östlichen orthodoxen Kirchen hingewiesen worden. Wie gehen die Beziehungen mit ihnen voran?

„Die Kontakte sind nur scheinbar leichter, in Wirklichkeit aber stellen sie uns vor schwerwiegende Probleme. Jene Kirchen haben eine authentische, aber statische, gleichsam verfestigte Lehre: Sie bleiben der Überlieferung des ersten christlichen Jahrtausends treu, wobei sie die späteren Entwicklungen ablehnen, weil sie ausschließlich auf die westliche Welt beschränkt sind. Für sie kann in Glaubensfragen nur ein ‚wirklich ökumenisches', also auf alle Christen ausgedehntes Konzil entscheiden. Deshalb halten sie, was von den Katholiken nach der Trennung deklariert worden ist, nicht für gültig: Faktisch sind sie mit vielem von dem, was festgelegt ist, einverstanden, aber sie halten es für begrenzt auf die Kirchen, die von Rom abhängen, und nicht auch für sie verbindlich."

Hier wenigstens stellt die Ekklesiologie ein nicht so unüberwindliches Problem dar?

„Ja und nein. Gewiß, sie teilen mit uns die Überzeugung von der Notwendigkeit der apostolischen Sukzession; ihr Episkopat, ihre Eucharistie sind authentisch. Aber sie halten auch an der Idee der *Autokephalie* fest, nach der die Kirchen, wenn auch im Glauben vereint, gleichzeitig voneinander unabhängig sind. Sie können nicht akzeptieren, daß der Bischof von Rom, der Papst, das Prinzip, das Zentrum der Einheit auch in einer universalen, als *Communio* verstandenen Kirche sein könne."

Ist folglich, frage ich, auch mit dem Osten in absehbarer Zeit nicht mit dem Beginn einer Wiedervereinigung zu rechnen?

„Ich sehe nicht, wie nach menschlichem Ermessen eine vollständige Union, jenseits einer praktikablen (und bereits praktizierten) Anfangsphase, möglich wäre. Diese Schwierigkeit besteht jedoch auf der theologischen Ebene. Auf konkreter, lebendiger Ebene sind die Beziehungen einfacher: Das stellen wir fest, wo Katholiken und Orthodoxe miteinander in Kontakt sind (und vielleicht gar dieselbe Verfolgung erleiden). Wenn die Ekklesiologien durch die Theologie getrennt bleiben, so pflegen die Kirchen doch in der konkreten Existenz einen lebendigen Austausch im Hinblick darauf, daß es gegenseitige Anerkennung der Sakramente gibt und die Interkommunion (unter bestimmten Bedingungen) möglich ist, im Unterschied zur Situation mit den aus der Reformation hervorgegangenen Gemeinschaften."

Die Anglikaner haben sich immer für the *bridge-church* gehalten, für die Brückenkirche zwischen protestantischer und katholischer Welt; es gab eine Zeit (und zwar erst vor kurzem), in der es den Anschein hatte, als stünde man einen Schritt vor der Wiedervereinigung.

„Das ist wahr. Aber jetzt hat sich wenigstens ein Teil der Anglikaner wieder jäh entfernt mit den neuen Normen in bezug auf die wiederverheirateten Geschiedenen, das Frauenpriestertum und andere Fragen aus dem Bereich der Moraltheologie. Es gibt Entscheidungen, die erneut eine Kluft geöffnet haben, und zwar nicht nur zwischen Anglikanern und Katholiken, sondern auch zwischen Anglikanern und Orthodoxen, die auch hier fast immer den katholischen Standpunkt teilen."

Nach dem Konzil hatte jemand verkündigt, um die Einheit mit den nichtkatholischen Brüdern wiederzufinden, würde es genügen, wenn sich die katholische Kirche auf den Weg der „Reform" begeben würde. Ich habe hingegen hier ein kürzlich erschienenes Dokument zur Ökumene von protestantischer Seite, das von den italienischen Waldenser- und Methodistenkirchen approbiert worden ist. Darin kann man lesen: „Katholizismus und Protestantismus sind, obwohl sie sich auf denselben Herrn berufen, zwei *unterschiedliche Weisen*, das Christentum zu verstehen und zu leben. Diese unterschiedlichen Weisen sind nicht *komplementär*, sondern *alternativ*." – Was sagt Kardinal Ratzinger dazu?

„Ich würde das nicht so formulieren, aber richtig ist, daß es neben vielen komplementären Elementen nach wie vor Entscheidendes gibt, das nicht im Verhältnis des Sowohl-als-auch, sondern in dem des Entweder-oder steht. Man darf nicht die Worte mit der Wirklichkeit verwechseln: Fortschritte auf theologischer Ebene, einige gemeinsame

Dokumente sind wertvoll, aber bedeuten noch keine wirklich in den Kern reichende Einung. Die Eucharistie ist Leben und dieses Leben können wir bei dem so anderen Kirchen- und Sakramentenverständnis bisher nicht teilen. Eine Ökumene, die sich diesen, für den Menschen im Moment unüberwindlichen Schwierigkeiten nicht in realistischer Weise stellt, birgt Gefahren in sich. Im übrigen gab es Gefahren selbstverständlich auch in der Situation vor dem Konzil, die durch Abschließung und Unnachgiebigkeit gekennzeichnet war und wenig Raum für die Brüderlichkeit ließ."

Ökumenische Übersetzungen der Bibel

Man hat einige konkrete Schritte versucht, indem man von verschiedenen Konfessionen gemeinsam erarbeitete Bibelübersetzungen anregte. Was denkt Ratzinger über diese ökumenischen Ausgaben?

„Ich habe nur die deutsche ökumenische Übersetzung studiert. Sie ist vor allem für den liturgischen Gebrauch und für die Katechese konzipiert worden. In der Praxis sieht es so aus, daß sie fast nur von Katholiken benutzt wird und daß viele Lutheraner sie hingegen nicht gebrauchen und lieber bei ‚ihrer' Bibel bleiben."

Handelt es sich dann um einen weiteren Fall einer ökumenischen „Einbahnstraße"?

„Tatsache ist, daß man sich auch hier nicht überspannten Erwartungen hingeben darf. Die Heilige Schrift lebt in einer Gemeinschaft und bedarf einer Sprache. So ist der Versuch, von der Bibel her über die konfessionellen Sprachbarrieren hinweg zu einer gemeinsamen Grundsprache des Glaubens zu kommen, sicher sehr wichtig. Andererseits darf man nicht vergessen, daß jede Übersetzung in gewissem Maß auch Interpretation ist. Es gibt Passagen (darüber sind sich alle Gelehrten inzwischen einig), in denen einfach mehr als die Bibel ihr Übersetzer zur Sprache kommt. Es gibt Teile der Heiligen Schrift, die eine klare Entscheidung erfordern, eine eindeutige Stellungnahme; man kann nicht verschleiern oder versuchen, die Schwierigkeiten durch Scheinlösungen zu verbergen. Es könnte jemand den Eindruck entstehen lassen, daß die Exegeten mit ihren historisch-kritischen Methoden die ‚wissenschaftliche' und folglich überparteiliche Lösung gefunden hätten. Das aber ist nicht so, jede ‚Wissenschaft' hängt unweigerlich von einer Philosophie, von einer Ideologie ab. Es gibt keine Neutralität, am allerwenigsten hier. Im übrigen kann ich gut verstehen, weshalb die deutschen Lutheraner auf ihrer Luther-Bibel insistieren: Sie ist gerade in ihrer Sprachgestalt die eigentliche Einheitskraft des Luthertums die Jahrhunderte hindurch gewesen; sie wegzunehmen hieße in der Tat, den Kern der lutherischen Identität anzutasten. Diese Übersetzung hat insofern in ihrer Gemeinschaft einen ganz anderen Rang als irgendeine Übersetzung sie je bei uns haben kann. Durch die Interpretation, die sie einschließt, hat sie überdies in gewisser Hinsicht auch die Wirkungen des *Sola Scriptura* eingeschränkt und ein gemeinsames Verstehen der Bibel, eine gemeinsame ‚kirchliche' Aneignung vorgegeben."

Er fügt hinzu: „Wir müssen den Mut haben, wieder klar zu sagen, daß die Bibel, als Ganze genommen, ‚katholisch' ist. Sie anzunehmen, wie sie ist, in der Einheit all ihrer Teile, heißt, die großen Väter der Kirche und ihre Weise der Schriftlesung anzunehmen; es bedeutet somit, in das Katholische einzutreten."

Setzt sich eine derartige Behauptung, wage ich zu fragen, nicht der Gefahr aus, bei denen, die sie für apologetisch halten, Mißtrauen zu erwecken?

„Nein – erwiderte er –, denn es ist nicht meine Behauptung, sondern die von nicht wenigen zeitgenössischen protestantischen Exegeten, wie zum Beispiel von Heinrich Schlier, einem der Lieblingsschüler des Lutheraners Rudolf Bultmann. Indem Schlier das *Sola-Scriptura*-Prinzip konsequent zu Ende führte, hat er gemerkt, daß der ‚Katholizismus' bereits im Neuen Testament da ist. Denn dort gibt es schon das Verständnis einer lebendigen Kirche, der der Herr sein lebendiges Wort anvertraut hat. Ganz gewiß gibt es in der Heiligen Schrift nicht die Idee, daß sie selbst ein archäologisches Fossil sei, eine disparate Sammlung von Quellen, die archäologisch und paläontologisch zu erforschen wären! Schlier ist so mit innerer Folgerichtigkeit in die katholische Kirche eingetreten. Andere seiner protestantischen Kollegen sind nie so weit gegangen, aber die Anwesenheit des Katholischen in der Bibel selbst wird kaum noch bestritten."

Und Sie, Herr Kardinal, fühlten Sie sich nie (als Junge, als junger Seminarist oder auch als Theologe) vom Protestantismus angezogen? Haben Sie nie daran gedacht, die christliche Konfession zu wechseln?

„Keineswegs! – ruft er aus –, der Katholizismus meines Heimatlandes Bayern hat es verstanden, allem, was menschlich ist, Raum zu geben: dem Gebet, aber auch dem Fest; der Buße, aber auch der Fröhlichkeit. Ein freudiges, farbiges, menschliches Christentum. Es mag auch daran liegen, daß mir der Sinn für jeden ‚Purismus' abgeht und daß ich von Kindheit an den Barock eingeatmet habe. So habe ich bei aller Wertschätzung protestantischer Freunde einfach rein psychologisch nie eine Anziehung dieser Art empfunden. Auch nicht auf theologischem Gebiet: Der Protestantismus konnte gewiß den Eindruck von Überlegenheit und größerer Wissenschaftlichkeit erwecken. Aber die große Tradition der Väter und der mittelalterlichen Meister war für mich doch überzeugender."

Sie haben Ihre Kindheit und Jugend (Sie waren 1945 18 Jahre alt) im Deutschland des Nationalsozialismus verbracht. Wie haben Sie als Katholik jenes schreckliche Klima erlebt?

„Ich bin in einer sehr gläubigen, praktizierenden Familie aufgewachsen. Im Glauben meiner Eltern, im Glauben unserer Kirche hatte ich die Bestätigung für den Katholizismus als einem Bollwerk der Wahrheit und der Gerechtigkeit gegen jenes Reich des Atheismus und der Lüge, das der Nationalsozialismus darstellte. Im Zusammenbruch des Regimes konnte ich in den Fakten sehen, daß die Kirche die richtige Vorahnung hatte."

Aber Hitler kam aus dem katholischen Österreich, die Partei wurde im katholischen München gegründet und gedieh dort ...

„Trotzdem wäre es kurzschlüssig, sie als Produkt des Katholizismus hinzustellen. Die giftigen Keime des Nationalsozialismus sind nicht die Frucht des österreichischen und süddeutschen Katholizismus, sondern allenfalls der dekadenten kosmopolitischen Atmosphäre Wiens am Ende der Monarchie, in der Hitler neidvoll auf die Kraft und Entschiedenheit des deutschen Nordens schaute: Friedrich II. und Bismarck waren seine politischen Idole. Bei den entscheidenden Wahlen von 1933 hat Hitler bekanntlich in den katholischen Gebieten keine Mehrheit erreicht."

Wie erklären Sie das?

„Ich muß zunächst vorausschicken, daß der gläubige Kern der evangelischen Kirche eine hervorragende Rolle im Widerstand gegen Hitler gespielt hat. Ich erinnere an die Barmer Erklärung vom 31. Mai 1934, mit der sich die ‚Bekennende Kirche' von den ‚Deutschen Christen' abgesetzt und damit den grundlegenden Akt des Widerspruchs gegen Hitlers Anspruch auf Totalität vollzogen hat. Andererseits zeigt das Phänomen der ‚Deutschen Christen' die besondere Gefährdung auf, der sich der Protestantismus im Augenblick der Machtergreifung ausgesetzt fand. Der Gedanke eines nationalen, das heißt germanischen, antilateinischen Christentums bot Hitler einen Anknüpfungspunkt, ebenso die Tradition des Staatskirchentums und die sehr starke Betonung des Gehorsams gegenüber der Obrigkeit, die in der lutherischen Tradition zu Hause ist. Von diesen Aspekten her war der deutsche Protestantismus, besonders das Luthertum, dem Zugriff Hitlers zunächst viel stärker ausgeliefert; eine Bewegung wie die ‚Deutschen Christen' hätte sich im Rahmen des katholischen Kirchenbegriffs nicht bilden lassen."

Das ändert nichts daran, daß auch die Protestanten sich im Kampf gegen den Nationalsozialismus hervortaten.

„Das ist unbestritten. Gerade weil es so war, wie ich eben schilderte, war von den Protestanten mehr persönlicher Mut verlangt, um den Widerstand gegen Hitler aufzunehmen. Karl Barth hat diesen Sachverhalt bei seiner Verweigerung des Beamteneides sehr deutlich ausgedrückt. So kommt es, daß gerade der Protestantismus große herausragende Persönlichkeiten des Widerstands aufzuweisen hat. Man versteht von hier aus aber auch, daß bei den Durchschnittschristen Katholiken es leichter hatten, in der Ablehnung der Doktrinen Hitlers standzuhalten. Es zeigte sich auch damals, was die Geschichte immer bestätigt hat: In der Wahl des geringeren Übels kann die katholische Kirche taktisch zu Pakten auch mit repressiven staatlichen Systemen kommen, aber am Ende erweist sie sich als eine Bastion gegen die totalitäre Zerrüttung. Sie kann sich in der Tat von ihrer Natur her nicht mit dem Staat vermischen, und sie muß sich einem Staat widersetzen, der auch ihre Gläubigen zu einer einzigen Anschauung zwingt. Das gerade habe ich selbst als junger Katholik im nationalsozialistischen Deutschland erfahren."

Zur Theologie der Befreiung

In den Tagen des Gesprächs mit Kardinal Ratzinger in Brixen war die *Instruktion über einige Aspekte der „Theologie der Befreiung"* noch nicht publiziert (sie sollte im September präsentiert werden), obgleich sie schon fertig war, da sie das Datum vom 6. August trägt. Durch eine journalistische Indiskretion war jedoch die Abhandlung veröffentlicht worden, in der Ratzinger seine persönliche Meinung als Theologe zum Problem darlegt. Auch die „Einladung zum Kolloquium" eines der bekanntesten Exponenten jener Theologie war bereits angekündigt.

Das Thema „Befreiungstheologie" hatte also bereits ganze Zeitungsseiten in Beschlag genommen; und nach der Präsentation der *Instruktion* sollte es noch mehr beanspruchen. Und man muß auch sagen, daß es bestürzend ist, feststellen zu müssen, daß viele der Kommentatoren – auch sehr profilierte – das Dokument der Kongregation beurteilten, ohne es je gelesen zu haben, bestenfalls in einer unvollständigen, vielleicht parteiischen Zusammenfassung. Darüber hinaus beschäftigten sich fast alle Kommentare nur mit den *politischen* Implikationen des Dokumentes und ignorierten die *religiösen* Beweggründe.

Deshalb hat sich dann auch die Glaubenskongregation dazu entschieden, weitere Kommentare abzulehnen, wobei sie auf den so umstrittenen wie verkannten Text selbst verwies. Die *„Instructio"* soll gelesen werden; und auch wir sind gebeten worden, den Leser dazu aufzufordern, was dann auch immer seine Schlußfolgerungen sein mögen.

Uns schien es dagegen wichtig, hier einen Text vorzulegen, der – wenn er auch aufgrund jener, wie wir sie nannten, journalistischen Indiskretion in die Öffentlichkeit gelangt ist – nunmehr zum Gemeingut geworden ist und treu das Denken Joseph Ratzingers (als *Theologe*, und nicht als Präfekt der Glaubenskongregation) wiedergibt und der für den Nichttheologen nicht leicht zu finden ist. Dieser Text kann dazu verhelfen, das persönliche Denken des Kardinalpräfekten in dieser bedeutenden Thematik zu begreifen. Mehr denn je bedeutet hier für den Präfekten „die Verteidigung der Orthodoxie tatsächlich Verteidigung der Armen, um ihnen Leiden zu ersparen und Illusionen, die keine realistische Perspektive einer auch materiellen Befreiung in sich tragen".

Wir weisen ferner darauf hin, was die *Instructio* bereits im Vorwort betont: „Die Kongregation für die Glaubenslehre beabsichtigt nicht, das weite Thema der christlichen Freiheit und der Befreiung vollständig zu behandeln. Sie nimmt sich vor, dies in einem späteren Dokument zu tun, das – *in positiver Ausrichtung* – alle Reichtümer ins rechte Licht stellt, sowohl in der Lehre als auch in der Praxis."[1]

Also nur der erste Teil einer Stellungnahme, die vervollständigt werden soll.

Ferner darf „die Warnung", die im ersten, „negativen" Teil enthalten ist, „in keiner Weise als eine Verurteilung all derer ausgelegt werden, die hochherzig und im authentischen Geist des Evangeliums auf die ‚vorrangige Option für die Armen' antworten wollen. Sie darf in keiner Weise denen zum Vorwand dienen, die sich angesichts der tragischen und drängenden Probleme des Elends und der Ungerechtigkeit hinter einer Haltung

---

1 Instruktion der Kongregation für die Glaubenslehre über einige Aspekte der „Theologie der Befreiung" vom 6. August 1984 (Verlautbarungen des Apostolischen Stuhls, 57), S. 3.

der Neutralität und der Indifferenz verschanzen. Im Gegenteil, sie ist von der Gewißheit bestimmt, daß die tiefgreifenden ideologischen Abweichungen, die sie anzeigt, unabdingbar dazu führen, die Sache der Armen zu verraten. Mehr denn je ist es erforderlich, daß die zahlreichen Christen, die in ihrem Glauben erleuchtet und dazu entschlossen sind, ein christliches Leben ohne Abstriche zu führen, sich aus Liebe zu ihren enterbten, unterdrückten und verfolgten Brüdern im Kampf für Gerechtigkeit, Freiheit und Menschenwürde einsetzen. Mehr denn je will die Kirche die Mißbräuche, die Ungerechtigkeiten und die Verstöße gegen die Freiheit verurteilen, wo immer sie begegnen und wer immer sie anzettelt, und mit den ihr eigenen Mitteln kämpfen, um die Menschenrechte, insbesondere in der Person der Armen, zu verteidigen und zu fördern".[1]

Die Erlösung des Menschen

Bevor wir dazu übergehen, das „private" Dokument des Theologen Ratzinger wiederzugeben, gehen wir noch auf das ein – wiederum in dem Versuch, seine Position in einen allgemeinen Hintergrund einzuordnen –, was in unserem Gespräch in bezug auf den Begriff „Befreiung" deutlich geworden ist. Es handelt sich dabei um ein weltweites Spektrum, das dazu verhelfen kann, das spezifisch lateinamerikanische Problem und seine „Befreiungstheologien" näher zu bestimmen.

„‚Befreiung' – sagt also der Kardinal – scheint das Programm zu sein, das sich alle gegenwärtigen Kulturen in allen Kontinenten auf die Fahne geschrieben haben. Im

---

1 Ebd., S. 3f.

Gefolge dieser Kulturen durchdringt der Wille zur Suche nach einer ‚Befreiung' die theologische Bewegung der verschiedenen Kulturbereiche der Welt."

Er fährt fort: „Wie ich schon in unserem Gespräch über die Krise der Moral bemerkt habe, ist ‚Befreiung' der Schlüsselbegriff auch der reichen Gesellschaften Nordamerikas und Westeuropas: Befreiung von der religiösen Ethik und mit ihr von den Begrenztheiten des Menschen selbst. Aber nach ‚Befreiung' sucht man auch in Afrika und in Asien, wo die Abkoppelung von den westlichen Traditionen sich als ein Problem der Befreiung vom kolonialen Erbe im gleichzeitigen Suchen nach der eigenen Identität darstellt. Wir werden später speziell darüber sprechen. Von ‚Befreiung' spricht man schließlich in Südamerika, wo man sie vor allem im sozialen, ökonomischen und politischen Sinn versteht. Folglich ist das *soteriologische* Problem, das heißt das Problem des Heils, der Erlösung (oder eben der *Befreiung*, wie man lieber sagt), die zentrale Frage des theologischen Denkens geworden."

Warum, so frage ich, diese Engführung, die allerdings korrekt erscheint (lauten doch die ersten Worte der *Instruktion* vom 6. August: „Das Evangelium Jesu Christi ist eine Botschaft der Freiheit und eine Kraft der Befreiung."[1])?

„Dies ist geschehen und geschieht – antwortet er –, weil die Theologie versucht, so auf das brennendste Problem der heutigen Welt zu antworten: auf die Tatsache nämlich, daß – trotz aller Anstrengungen – der Mensch keineswegs erlöst und überhaupt nicht frei ist und daß er eine zunehmende Entfremdung erfährt. Und dies zeigt sich in

---

1 Ebd., S. 3.

allen gegenwärtigen Gesellschaftsformen. Die grundlegende Erfahrung unserer Epoche ist gerade die Erfahrung der ‚Entfremdung', das heißt des Zustandes, den die herkömmliche christliche Ausdrucksweise als *Unerlöstheit* bezeichnet. Es ist die Erfahrung eines Menschseins, das sich von Gott losgelöst und auf diese Weise nicht die Freiheit, sondern nur Sklaverei gefunden hat."

Abermals harte Worte, bemerke ich.

„Und doch – sagt er –, so zeigt es sich für eine realistische Betrachtung, die die Lage nicht verschleiert. Im übrigen sind gerade die Christen zum Realismus aufgefordert: Auf die Zeichen der Zeit achten bedeutet auch dies, den Mut wiederzufinden, um der Wirklichkeit ins Angesicht zu schauen, ins positive und ins negative. Nun, genau auf dieser Linie des Objektiven sehen wir, daß es ein Element gibt, das den säkularistischen Befreiungsprogrammen gemeinsam ist: Sie wollen jene Befreiung nur in der Immanenz und damit in der Geschichte, im Diesseits erreichen. Aber gerade diese auf die Geschichte beschränkte Sicht ohne Öffnung auf die Transzendenz hat den Menschen in seine derzeitige Lage gebracht."

Tatsache bleibt jedenfalls, sage ich, daß dieses Verlangen nach Befreiung eine Herausforderung darstellt, die es anzunehmen gilt; hat also die Theologie nicht gut daran getan, sie aufzugreifen, um ihr eine christliche Antwort zu geben?

„Gewiß, sofern jene Antwort wirklich christlich ist. Das heute so verbreitete Bedürfnis nach Heil bringt die authentische, wenn auch dunkle Wahrnehmung der Würde des Menschen zum Ausdruck, der zum ‚Bild und Gleichnis Gottes' geschaffen ist, wie das erste Buch der Heiligen Schrift sagt. Aber die Gefahr bestimmter Theologien besteht darin, daß sie sich den immanentistischen Standpunkt, den nur irdischen Standpunkt der säkularistischen Befreiungsprogramme aufdrängen lassen. Diese sehen nicht und können auch nicht sehen, daß von einem christlichen Standpunkt aus die ‚Befreiung' vor allem und primär Befreiung von jener radikalen Knechtschaft ist, die die ‚Welt' nicht bemerkt, sondern vielmehr negiert: von der radikalen Knechtschaft der Sünde."

Eine persönliche Stellungnahme

Von dieser allgemeinen Bestandsaufnahme wollen wir zu jenem „außerordentlich vielschichtigen Phänomen" zurückkehren, das die Befreiungstheologie darstellt, die, obwohl sie versucht, sich nahezu überall in der Dritten Welt auszubreiten, dennoch „ihren Schwerpunkt in Lateinamerika" hat.

Kehren wir also zu jenem „privaten" Text zurück, der der „*Instructio*" vom Herbst 1984 vorangegangen ist. Die folgenden Seiten (*in kursiv*) geben ihn vollständig wieder. In Anbetracht der ursprünglich streng theologischen Zielsetzung ist die Sprache nicht immer gerade allgemeinverständlich. Wir glauben jedoch, daß es sich lohnt, einige für den Nicht-Fachmann vielleicht komplizierte Passagen durchzustehen. Unabhängig davon, wir wiederholen es, wie der einzelne diesen Text dann bewertet, hilft er, das Phänomen „Befreiungstheologie" in die große Landschaft der weltweiten Theologie einzuordnen.

Und es klärt die Motive der Stellungnahme der Kongregation in einem Verfahren, das bereits im Gange ist und das weitere „Etappen" vorsieht.

* * *

VORBEMERKUNGEN

1. Theologie der Befreiung ist ein außerordentlich vielschichtiges Phänomen: Sie reicht von radikal marxistischen Positionen bis zu Bemühungen im Rahmen einer korrekten kirchlichen Theologie, der notwendigen Verantwortung der Christen für die Armen und Unterdrückten den richtigen Raum zu geben, wie dies die Dokumente der Lateinamerikanischen Bischofskonferenz (CELAM) von Medellin bis Puebla tun. Im folgenden wird der Begriff Befreiungstheologie enger verstanden: Es werden darunter nur jene Theologien gefaßt, die sich in irgendeiner Weise die marxistische Grundoption zu eigen gemacht haben. Auch hier gibt es im einzelnen viele Unterschiede, auf die in einer allgemeinen Betrachtung nicht eingegangen werden kann. Ich kann in diesem Rahmen nur versuchen, einige Trendlinien deutlich zu machen, die unbeschadet unterschiedlicher Nuancierungen weit verbreitet sind und einen gewissen Einfluß auch dort ausüben, wo Befreiungstheologie in diesem engeren Sinn nicht vorliegt.

2. Bei der Analyse des Phänomens Befreiungstheologie wird eine fundamentale Gefährdung des Glaubens der Kirche sichtbar. Dabei muß aber bedacht werden, daß ein Irrtum nicht lebensfähig wäre, wenn er nicht auch einen Kern an Wahrheit enthielte. Ja, ein Irrtum ist um so gefährlicher, je größer der Kern an Wahrheit ist, den er in sich aufgenommen hat, weil seine Versuchung dadurch nur um so größer wird.

Dazu kommt, daß der Irrtum das betreffende Stück Wahrheit nicht hätte an sich reißen können, wenn diese Wahrheit dort, wo sie hingehört (im Glauben der Kirche) hinlänglich gelebt und bezeugt würde. So muß gerade, wenn Irrtum und Gefahr der Befreiungstheologie aufgezeigt werden, unbedingt auch die Frage immer gegenwärtig sein, welche Wahrheit sich im Irrtum verbirgt und wie ihr zu ihrem Recht verholfen, wie sie aus der Beschlagnahmung durch den Irrtum gelöst werden kann.

3. Theologie der Befreiung ist in dreifacher Hinsicht ein universales Phänomen:

· Sie will nicht einen neuen theologischen Traktat zu bestehenden anderen hinzufügen, etwa neue Aspekte der kirchlichen Sozialethik ausarbeiten. Sie versteht sich vielmehr als eine neue Hermeneutik des christlichen Glaubens, das heißt als eine neue Form, das Christentum als Ganzes zu verstehen und zu verwirklichen. Daher betrifft sie die Theologie in ihrer Grundkonstruktion, nicht bloß in einzelnen Inhalten. Deshalb auch verändert sie alle Formen des kirchlichen Lebens: die kirchliche Verfassung, die Liturgie, die Katechese, die moralischen Optionen.

· Befreiungstheologie hat zwar heute ihren Schwerpunkt in Lateinamerika, aber sie ist keineswegs ein ausschließlich lateinamerikanisches Phänomen. Sie ist nicht denkbar ohne den bestimmenden Einfluß europäischer und auch nordamerikanischer Theologen. Sie wird aber auch in Indien, Sri Lanka, auf den Philippinen, Taiwan und in Afrika vertreten. Allerdings steht dort die Suche nach „afrikanischer Theologie" im Vordergrund. Die Vereinigung der Theologen der Dritten Welt ist stark durch die Zuwendung zu Motiven der Befreiungstheologie gekennzeichnet.

· Befreiungstheologie überschreitet die Konfessionsgrenzen: Sie versucht vielfach von ihrem Ausgangspunkt her eine neue Universalität zu schaffen, für die die klassischen Kirchentrennungen unwichtig geworden sein sollen.

I. Der Begriff der Befreiungstheologie und die Voraussetzungen ihres Entstehens

Diese Vorbemerkungen haben uns inzwischen von selbst in den Kern des Themas geführt. Sie haben allerdings die Hauptfrage offen gelassen: Was ist das nun eigentlich, die Befreiungstheologie?

In einem ersten Anlauf könnten wir sagen: Befreiungstheologie will eine neue Gesamtauslegung des Christlichen geben; sie erklärt Christentum als eine Praxis der Befreiung und will selbst Anleitung zu dieser Praxis sein. Da nun aber nach ihr alle Wirklichkeit politisch ist, ist auch Befreiung ein politischer Begriff und die Anleitung zur Befreiung muß Anleitung zu politischem Handeln sein:

„Nichts liegt außerhalb des ... politischen Engagements. Alles weist ein politisches Kolorit auf." Eine Theologie, die nicht „praktisch", das heißt nicht wesentlich politisch ist, wird als „idealistisch" angesehen und damit als wirklichkeitslos oder als Vehikel der Machterhaltung der Unterdrücker verurteilt.

Für einen Theologen, der seine Theologie in der klassischen Tradition erlernt und deren spirituellen Anruf angenommen hat, ist es schwer vorstellbar, daß im Ernst versucht werden kann, die gesamte christliche Wirklichkeit in das Schema politisch-sozialer Befreiungspraxis umzugießen. Das ist um so schwieriger, als viele Befreiungstheologen einen großen Teil der klassischen, asketischen und dogmatischen Sprache der Kirche unter neuen Vorzeichen weiterführen, so daß der Leser und Hörer, der von einem anderen Hintergrund ausgeht, den Eindruck gewinnen kann, hier sei eigentlich doch alles Bisherige anzutreffen und nur um einige etwas befremdliche Aussagen vermehrt, die aber bei so viel Frömmigkeit doch kaum so gefährlich sein könnten.

Gerade die Radikalität der Befreiungstheologie führt dazu, daß sie in ihrem Ernst oft unterschätzt wird, weil sie in gar keines der bisherigen Schemata von Häresie hineinpaßt; ihr Grundansatz liegt außerhalb dessen, was bisherige Befragungsmuster erfassen können.

Ich möchte daher versuchen, an die Grundrichtung der Befreiungstheologie in zwei Schritten heranzuführen: Zunächst muß etwas über die Voraussetzungen gesagt werden, die sie ermöglichten; dann möchte ich einige ihrer Grundbegriffe nennen, die etwas von ihrem Baugefüge erkennbar werden lassen.

Wie konnte es zu jener völligen Neuorientierung des theologischen Denkens kommen, die sich in der Befreiungstheologie ausdrückt? Ich sehe hauptsächlich drei Faktoren, die sie ermöglichten.

1. Nach dem Konzil war eine neue theologische Lage entstanden, die sich wieder durch drei Aussagen charakterisieren läßt:

• Es kam die Meinung auf, daß die bisherige theologische Tradition weithin nicht mehr tragfähig sei und daß man daher unmittelbar von der Schrift und von den Zeichen der Zeit her nach ganz neuen theologischen und spirituellen Orientierungen suchen müsse.

• Der Gedanke der Weltzuwendung und der Weltverantwortung schlug vielfach in einen naiven Wissenschaftsglauben um, der die Humanwissenschaften wie ein neues Evangelium aufnahm, ohne ihre Grenzen und ihre eigenen Probleme wahrnehmen zu wollen. Psychologie, Soziologie und marxistische Geschichtsdeutung erschienen als wissenschaftlich gesichert und daher als nicht mehr zu befragende Instanzen des christlichen Denkens.

• Die Traditionskritik der modernen evangelischen Exegese, besonders Rudolf Bultmanns und seiner Schule, wurde gleichfalls zu einer festen theologischen Instanz, die den Weg zur bisherigen Gestalt von Theologie abschnitt und damit um so mehr zu neuen Konstruktionen ermutigte.

2. Diese veränderte theologische Lage traf mit einer veränderten geistesgeschichtlichen Situation zusammen. Am Ende der Aufbauphase nach dem Zweiten Weltkrieg, die ungefähr mit dem Ende des Konzils zusammenfiel, war in der westlichen Welt ein spürbares Sinnvakuum entstanden, auf das die noch herrschende existentialistische Philosophie keine Antwort geben konnte. In dieser Lage wurden die verschiedenen Spielarten des Neomarxismus zu einem moralischen Impuls und zugleich zu einer Verheißung von Sinn, die für die akademische Jugend nahezu unwiderstehlich war. Der religiös verbrämte Marxismus von Bloch und die in strenger Wissenschaftlichkeit auftretenden Philosophien von Adorno, Horkheimer, Habermas, Marcuse boten Handlungsmodelle, mit denen man glaubte, die moralische Herausforderung des Elends in der Welt zu beantworten und zugleich den rechten Sinn der biblischen Botschaft zu vergegenwärtigen.

3. Die moralische Herausforderung von Armut und Unterdrückung war in dem Augenblick nicht mehr zu übergehen, in dem Europa und Nordamerika einen bisher nicht gekannten Wohlstand erreicht hatten. Diese Herausforderung verlangte offensichtlich neue Antworten, die in der bisherigen Tradition nicht zu finden waren. Die veränderte theologische und philosophische Lage lud förmlich dazu ein, die Antwort in einem Christentum zu suchen, das sich von den scheinbar wissenschaftlich fundierten Hoffnungsmodellen der marxistischen Philosophien leiten ließ.

II. Die Grundstruktur der Befreiungstheologie

Diese Antwort fällt in den einzelnen Formen von Theologie der Befreiung, Theologie der Revolution, Politischer Theologie usw. im einzelnen durchaus unterschiedlich aus. Sie kann daher als solche nicht global dargestellt werden. Es gibt aber doch einige Grundbegriffe, die in verschiedenen Abwandlungen immer wiederkehren und gemeinsame Grund-Intentionen ausdrücken.

Bevor wir zu den inhaltlichen Grundbegriffen übergehen, ist eine Bemerkung über die tragenden Strukturelemente der Befreiungstheologie nötig. Wir können dabei anknüpfen an das, was wir vorhin über die veränderte theologische Situation nach dem Konzil festgestellt hatten.

Wie ich bei deren Nennung schon ausgeführt hatte, wurde jetzt die Exegese Bultmanns und seiner Schule als die Aussage der „Wissenschaft" über Jesus gelesen, die man einfach als gültig ansehen mußte. Der „historische Jesus" Bultmanns ist aber durch einen Abgrund (Bultmann selbst spricht von „Graben") vom Christus des Glaubens getrennt. Bei Bultmann gehört Jesus zwar zu den Voraussetzungen des Neuen Testaments, aber er selbst bleibt in der Welt des Judentums eingeschlossen.

Die entscheidende Auswirkung dieser Exegese bestand nun darin, daß die historische Glaubwürdigkeit der Evangelien erschüttert wurde: Der Christus der kirchlichen Überlieferung und der von der Wissenschaft präsentierte historische Jesus gehören offenkundig zwei verschiedenen Welten an. Die Gestalt Jesu war durch die als letzte Instanz angesehene Wissenschaft aus der Verankerung der Tradition gerissen; so schwebte nun einerseits die Tradition wirklichkeitslos im Leeren, und andererseits mußte für die Gestalt Jesu erst eine neue Deutung und Bedeutung gesucht werden.

Bultmann wurde also weniger durch seine positiven Aussagen als durch das negative Ergebnis seiner Kritik bedeutend: Der Kern des Glaubens, die Christologie, stand neuen Deutungen offen, weil ihre bisherige Aussage als historisch nicht haltbar verschwunden war. Zugleich war damit das kirchliche Lehramt desavouiert, das offensichtlich einer wissenschaftlich nicht haltbaren Theorie angehangen hatte und so aufhörte, als eine Instanz in Sachen der Erkenntnis Jesu zu gelten. Seine Aussagen konnten nun nur noch als vergebliche Verteidigungen einer wissenschaftlich überholten Position gelten.

Noch durch ein zweites Stichwort wurde Bultmann für die weitere Entwicklung bedeutsam. Er hatte den alten Begriff „Hermeneutik" wieder zu Ehren gebracht und ihm eine neue Dynamik gegeben. In dem Wort Hermeneutik wird die Einsicht ausgedrückt, daß ein wirkliches Verstehen historischer Texte durch die bloß historische Interpretation nicht zustande kommt, ja, daß jede historische Auslegung schon gewisse Vorentscheidungen miteinschließt. Der Hermeneutik fällt im Anschluß an die Feststellung des historischen Befunds die Aufgabe der „Vergegenwärtigung" der Schrift zu. In ihr geht es, wie die klassische Terminologie lautet, um die „Horizontverschmelzung" zwischen damals und heute. Sie stellt also die Frage: Was bedeutet das Damalige heute? Bultmann selbst hatte diese Frage mit Hilfe der Philosophie Heideggers beantwortet und die Bibel demgemäß existentialistisch interpretiert. Diese Antwort fand und findet derzeit kein Interesse mehr; insofern ist Bultmann in der heute gängigen Exegese überholt. Aber geblieben ist einerseits die Lösung der Gestalt Jesu aus der klassischen Tradition und geblieben ist die Vorstellung, daß man diese Gestalt mit einer neuen Hermeneutik neu in die Gegenwart versetzen könne und müsse.

An dieser Stelle setzt nun das zweite vorhin erwähnte Moment unserer Situation an: die neue philosophische Lage der späten sechziger Jahre. Die marxistische Geschichts- und Gesellschaftsanalyse galt mittlerweile weithin als einzig „wissenschaftlich". Das bedeutet, daß die Welt im Schema des Klassenkampfes gedeutet werden muß und daß es ausschließlich die Wahl zwischen Kapitalismus und Marxismus gibt. Es bedeutet weiterhin, daß alle Wirklichkeit politisch ist und sich politisch rechtfertigen muß. Der biblische Begriff des „Armen" bietet den Ansatz zur Verschmelzung zwischen dem Geschichtsbild der Bibel und der marxistischen Dialektik; er wird mit der Idee des Proletariats im marxistischen Sinn interpretiert und rechtfertigt damit zugleich den Marxismus als die legitime Hermeneutik für das Verstehen der Bibel.

Weil nach dieser Auffassung es überhaupt nur zwei Optionen gibt und geben kann, ist Widerspruch gegen diese Auslegung der Bibel Ausdruck für das Bestreben der herrschenden Klasse, ihre Macht zu erhalten. Ein bekannter Befreiungstheologe behauptet: „Klassenkampf ist eine Tatsache, und Neutralität in diesem Punkt ist schlicht unmöglich."

Auch von hier aus ist dem Eingriff des kirchlichen Lehramts der Boden entzogen: Falls es sich gegen eine solche Auslegung des Christentums wenden sollte, beweist es nur, daß es auf seiten der Reichen und Herrschenden gegen die Armen und Leidenden, also gegen Jesus selbst steht und sich in der Dialektik der Geschichte auf der negativen Seite eingeordnet hat.

Diese scheinbar „wissenschaftlich" und „historisch" unausweichliche Entscheidung legt dann ganz von selbst den Weg der weiteren Auslegung des Christentums fest, sowohl was die Auslegungsinstanzen als auch was die ausgelegten Inhalte angeht.

Was die Auslegungsinstanzen betrifft, so lauten die entscheidenden Begriffe: Volk, Gemeinde, Erfahrung, Geschichte. War bisher die Kirche, nämlich die katholische Kirche in ihrer Zeit und Raum überspannenden, Laien (Glaubenssinn) und Hierarchie (Lehramt) umfassenden Ganzheit die hermeneutische Grundinstanz, so wird es jetzt die „Gemeinde". Die Erlebnisse und Erfahrungen der „Gemeinde" bestimmen das Verständnis und die Auslegung der Schrift.

Wieder kann man, scheinbar streng wissenschaftlich, sagen, daß schon die Jesusgestalt der Evangelien eine Synthese aus Ereignis und Deutung von der Erfahrung der einzelnen Gemeinden her sei, wobei die Deutung bei weitem wichtiger gewesen sei als das in sich gar nicht mehr feststellbare Ereignis.

Diese Ursynthese von Ereignis und Deutung kann man auflösen und immer wieder neu vornehmen: Die Gemeinde „deutet" mit ihrer „Erfahrung" die Ereignisse und findet so ihre „Praxis". Dieselbe Vorstellung ist auf etwas andere Weise abgewandelt im Begriff des Volkes, in dem die konziliare Betonung des Volk-Gottes-Gedankens in einen marxistischen Mythos umgewandelt wird. Die Erfahrungen des „Volkes" erklären die Schrift. „Volk" ist dabei Gegenbegriff zu Hierarchie und Gegenbegriff zu allen Institutionen, die als Mächte der Unterdrückung erklärt werden. „Volk" ist letztlich, wer am Klassenkampf teilnimmt; die „Volkskirche" wird zum Gegensatz der hierarchischen Kirche.

Schließlich wird der Begriff „Geschichte" zu einer entscheidenden Auslegungsinstanz. Die für wissenschaftlich sicher und unwidersprechlich angesehene Auffassung, daß die Bibel ganz heilsgeschichtlich (und damit ganz antimetaphysisch) denke, ermöglicht die Verschmelzung des biblischen Horizonts mit der marxistischen Idee der dialektisch voranschreitenden Geschichte als des eigentlichen Trägers von Heil. Geschichte ist danach der Prozeß des Fortschritts der Befreiung; die Geschichte ist die eigentliche Offenbarung und so die wahre Auslegungsinstanz der Bibel. Diese Dialektik des Fortschritts wird gelegentlich durch die Pneumatologie unterstützt. In jedem Fall macht auch sie ein auf bleibenden Wahrheiten insistierendes Lehramt zu einer fortschrittsfeindlichen Instanz, die „metaphysisch" denkt und damit der „Geschichte" widerspricht. Man kann sagen, daß der Begriff Geschichte den Gottesbegriff und den Offenbarungsbegriff in sich aufsaugt. Die „Geschichtlichkeit" der Bibel muß seine absolute Dominanz rechtfertigen und damit zugleich den Übergang in die materialistisch-marxistische Philosophie legitimieren, in der die Geschichte die Rolle Gottes übernommen hat.

III. Hauptbegriffe der Befreiungstheologie

Damit sind wir nun schon bei den inhaltlichen Grundbegriffen der neuen Deutung des Christlichen angelangt. Weil die Zusammenhänge, in denen die einzelnen Begriffe auftreten, verschieden sind, möchte ich ohne Systematisierung einfach einige davon nacheinander nennen. Beginnen wir mit der neuen Bedeutung von Glaube, Hoffnung und Liebe.

Über den Glauben *sagt zum Beispiel ein südamerikanischer Theologe, Jesu Gotteserfahrung sei radikal historisch. „Sein Glaube wandelt sich in Treue." Man ersetzt demgemäß Glaube grundsätzlich durch „Treue zur Geschichte". Hier vollzieht sich jene Verschmelzung zwischen Gott und Geschichte, die es ermöglicht, die chalkedonische Formel für Jesus beizubehalten, wenn auch mit einem völlig veränderten Sinn: Man sieht, wie die klassischen Maßstäbe der Orthodoxie in der Analyse dieser Theologie versagen. Man behauptet also, „daß Jesus Gott ist", wobei man jedoch sofort hinzufügt, „daß der wahre und einzige Gott jener ist, der sich geschichtlich und skandalös in Jesus und in den Armen, die seine Gegenwart fortsetzen, offenbart. Nur wer diese beiden Behauptungen zusammen festhält, ist orthodox."*

Hoffnung *wird mit „Vertrauen auf die Zukunft", Arbeit für die Zukunft, interpretiert und damit wieder der Dominanz der Klassengeschichte eingeordnet.*

Liebe *besteht in der „Option für die Armen", das heißt, sie fällt mit der Option für den Klassenkampf zusammen. Die Befreiungstheologen betonen gegenüber dem „falschen Universalismus" ganz stark die Partialität und Parteilichkeit der christlichen Option; die Parteinahme ist nach ihnen die Grundvoraussetzung der richtigen Hermeneutik des biblischen Zeugnisses. Man kann hier, wie ich meine, recht deutlich die Vermischung zwischen einer Grundwahrheit des Christentums und einer unchristlichen Grundoption erkennen, die das Ganze so verführerisch macht: Die Bergpredigt ist in der Tat Parteinahme Gottes für die Armen. Aber die Auslegung der Armen im Sinn der marxistischen Geschichtsdialektik und die Auslegung der Parteinahme für sie im Sinn des Klassenkampfes ist ein Sprung, bei dem Gegensätzliches als identisch hingestellt wird.*

Der Grundbegriff der Verkündigung Jesu lautet „Reich Gottes". Dieser Begriff steht auch im Mittelpunkt der Befreiungstheologien, gelesen auf dem Hintergrund der marxistischen Hermeneutik. Nach einem dieser Theologen darf das Reich nicht spiritualistisch, nicht universalistisch, nicht im Sinn eines abstrakten eschatologischen Vorbehalts verstanden werden. Es muß parteilich und es muß auf Praxis hin verstanden werden. Nur von der Praxis Jesu aus, nicht theoretisch, läßt sich definieren, was das Reich bedeutet: arbeiten an der uns umgebenden historischen Realität, um sie umzugestalten in das Reich.

Hier ist übrigens noch ein Grundgedanke einer gewissen nachkonziliaren Theologie zu erwähnen, der in diese Richtung geführt hat. Es wurde behauptet, nach dem Konzil müsse jeder Dualismus *überwunden werden: der Dualismus von Leib und Seele, von natürlich und übernatürlich, von Diesseits und Jenseits, von Jetzt und Dann. Nach der Schleifung dieser angeblichen Dualismen blieb nur noch übrig, für ein Reich zu arbeiten, das sich in dieser Geschichte und in ihrer politisch-wirtschaftlichen Realität verwirklicht. Gerade damit aber hat man aufgehört, für den gegenwärtigen Menschen zu wirken, und begon-*

nen, die Gegenwart zugunsten einer angeblichen Zukunft zu zerstören: Erst so ist der wahre Dualismus ausgebrochen.

In diesem Zusammenhang möchte ich auch die Deutung von Tod und Auferstehung erwähnen, die einer der führenden Theologen der Befreiung gibt. Er stellt zunächst noch einmal gegen die universalistischen Konzeptionen fest, daß die Auferstehung in erster Linie Hoffnung für die Gekreuzigten ist, die die Mehrheit der Menschen ausmachen: all die Millionen, denen die strukturelle Ungerechtigkeit eine langsame Kreuzigung auferlegt. Der Glaube nimmt nun aber auch an der Herrschaft Jesu über die Geschichte durch die Aufrichtung des Reiches teil, nämlich im Kampf für Gerechtigkeit und für integrale Befreiung, in der Umformung ungerechter Strukturen in humanere Strukturen. Diese Herrschaft über die Geschichte wird ausgeübt, indem man in der Geschichte die Geste Gottes wiederholt, die Jesus auferweckte, das heißt dem Gekreuzigten der Geschichte Leben gibt. Die Geste Gottes hat der Mensch übernommen – darin tritt die ganze Umwandlung der biblischen Botschaft auf eine fast tragische Weise zutage, wenn man bedenkt, wie diese versuchte Nachahmung Gottes sich konkret ausgewirkt hat und auswirkt.

Weitere Neuinterpretationen biblischer Begriffe möchte ich nur noch nennen: Der Exodus *wird zur zentralen heilsgeschichtlichen Figur; das* Paschamysterium *wird als revolutionäres Symbol verstanden und demgemäß die* Eucharistie *als Fest der Befreiung im Sinn politisch-messianischer Hoffnung und ihrer Praxis ausgelegt. Das Wort* Erlösung *wird weitgehend durch Befreiung ersetzt, die ihrerseits auf dem Hintergrund der Geschichte und des Klassenkampfes als fortschreitender Befreiungsprozeß gedeutet wird. Grundlegend ist endlich noch die Unterstreichung der* Praxis: *Wahrheit darf nicht metaphysisch verstanden werden; das wäre „Idealismus". Wahrheit verwirklicht sich in der Geschichte und ihrer Praxis.* Die Aktion ist die Wahrheit. *Daher sind auch die Ideen, die für die Aktion benützt werden, im letzten austauschbar. Das allein Entschei-*

dende ist die Praxis. Orthopraxie *wird so zur allein wahren* Orthodoxie. *Daher ist auch ein großzügiger Umgang mit den biblischen Texten gerechtfertigt: Die historische Kritik befreit zwar von der traditionellen Auslegung, die als unwissenschaftlich erscheint. Der Tradition gegenüber wird auf die größte wissenschaftliche Strenge auf der Linie Bultmanns Wert gelegt. Aber die historisch ermittelten Inhalte der Bibel können ihrerseits nicht ausschließlich binden. Maßgebend für die Auslegung ist letztlich nicht die historische Forschung, sondern die in der Gemeinde bzw. in der politischen Gruppe erfahrene Hermeneutik der Geschichte.*

Versucht man, ein Gesamturteil zu gewinnen, so wird man sagen müssen: Wenn man sich auf die die Befreiungstheologie tragenden Grundentscheidungen einläßt, kann man nicht leugnen, daß das Ganze eine fast unwiderstehliche Logik in sich trägt. Mit den Ausgangspunkten der Bibelkritik und der in Erfahrungen wachsenden Hermeneutik einerseits, der marxistischen Geschichtsanalyse andererseits ist es gelungen, eine Gesamtsicht des Christlichen zu schaffen, die sowohl den Ansprüchen der Wissenschaft wie den moralischen Herausforderungen unserer Zeit voll zu entsprechen scheint und sich dadurch dem Menschen unmittelbar aufdrängt, daß sie das Christentum zu einem Instrument konkreter Weltveränderung macht und es so mit allen „fortschrittlichen Kräften" unserer Epoche zu vereinigen scheint. So kann man verstehen, daß diese neue Auslegung des Christentums Theologen, Priester und Ordensleute – besonders auf dem Hintergrund der Probleme der Dritten Welt – immer mehr in ihren Bann gezogen hat. Sich ihr zu versagen, mußte ihnen geradezu als eine Flucht vor der Wirklichkeit, als eine Absage an die Vernunft und an die Moral erscheinen. Wenn man andererseits bedenkt, wie radikal die dabei geschehene Umdeutung des Christlichen ist, dann wird die Frage um so dringender, wie die richtige Antwort auf diese Herausforderung aussehen muß. Nur wenn es gelingt, die Logik des Glaubens in einer ebenso zwingenden Weise sichtbar zu machen und sie als Logik der Wirklichkeit, d. h. als reale Kraft einer besseren Antwort in gelebter Erfahrung darzustellen, werden wir diese Krise bestehen. Weil es so ist, das heißt weil Denken und Erfahrung, Deutung und Verwirklichung gleichermaßen beansprucht sind, ist hier die ganze Kirche gefordert. Theologie allein reicht nicht aus, das Amt allein reicht nicht aus: Weil das Phänomen Befreiungstheologie einen Mangel an Bekehrung in der Kirche, einen Mangel an Radikalität des Glaubens in ihr signalisiert, kann nur ein Mehr an Bekehrung und an Glaube jene theologischen Einsichten und jene Entscheide der Hirten ermöglichen und wecken, die der Größe der Frage entsprechen.

* * *

Marxismus und Kapitalismus

Was wir wiedergegeben haben, ist also der Rahmen der Reflexionen und der Feststellungen, auf deren Hintergrund die nunmehr berühmte *Instruktion über einige Aspekte der „Theologie der Befreiung"* gesehen werden muß.

Wir fügen hinzu, daß der Kardinal während des Gesprächs mehrmals auf einen Gesichtspunkt zurückgekommen ist, der in vielen Kommentaren vergessen wurde: „Die Befreiungstheologie, in ihren Formen, die auf den Marxismus zurückgreifen, ist keineswegs ein bodenständiges, einheimisches Produkt von Lateinamerika oder von anderen unterentwickelten Gebieten, wo sie sozusagen spontan durch das Volk entstanden und gewachsen wäre. Es handelt sich in Wirklichkeit, zumindest ursprünglich, um eine Schöpfung von Intellektuellen; und zwar von Intellektuellen, die im reichen Westen geboren oder ausgebildet worden sind: Europäer sind die Theologen, die sie angefangen haben. Europäer – oder an europäischen Universitäten geformt – sind die Theologen, die sie in Südamerika vorantreiben. Hinter dem Spanisch oder dem Portugiesisch jener Verkündigung erahnt man in Wirklichkeit das Deutsche, das Französische, das Angloamerikanische."

Demnach wäre für ihn also auch die Befreiungstheologie Teil des „Exports von im entwickelten Westen ausgearbeiteten Mythen und Utopien in die Dritte Welt. Sie wäre sozusagen ein Versuch, im Konkreten Ideologien zu erproben, die im Labor von europäischen Theoretikern erdacht worden sind. In gewisser Hinsicht ist sie deshalb eine Form von kulturellem Imperialismus, wenn sie auch als die spontane Schöpfung der entrechteten Massen dargestellt wird. Es ist dann insgesamt zu prüfen, welchen wirklichen Einfluß die Theologen auf das Volk haben, die behaupten, daß sie es vertreten und ihm eine Stimme verleihen".

Er bemerkt, wobei er auf dieser Linie fortfährt: „Im Westen hat der marxistische Mythos bei den Jugendlichen und selbst bei den Arbeitern an Reiz verloren; so versucht man also, ihn in die Dritte Welt zu exportieren von seiten jener Intellektuellen, die jedoch außerhalb der vom ‚realen Sozialismus' beherrschten Länder leben. In der Tat, nur wo der Marxismus-Leninismus nicht an der Macht ist, gibt es noch jemanden, der seine illusorischen ‚wissenschaftlichen Wahrheiten' ernst nimmt."

Er weist darauf hin, daß „der Glaube paradoxerweise – aber nicht zu sehr – sicherer im Osten scheint, wo er offiziell verfolgt ist. Auf dogmatischer Ebene gibt es fast keinerlei Probleme mit dem Katholizismus jener Gebiete. Tatsache ist, daß es dort für die Christen gewiß nicht die Gefahr gibt, daß sie sich zu den Grundsätzen einer Kultur bekehren, die mit der Gewalt erzwungen ist: Die Menschen bezahlen jeden Tag mit der eigenen Haut die Tragödie einer Gesellschaft, die wohl eine Befreiung versucht hat, jedoch von Gott. Ja, in einigen Ländern des Ostens scheint die Idee einer ‚Befreiungstheologie' im Entstehen begriffen, aber als Befreiung vom Marxismus. Das bedeutet gewiß nicht, daß sie mit Sympathie auf die im Westen vorherrschenden Ideologien und Lebensgewohnheiten schauen".

Er erinnert mich daran, daß „der ehemalige Primas von Polen, Kardinal Stefan Wyszynski, vor dem westlichen Hedonismus und Permissivismus nicht weniger gewarnt hat als vor der marxistischen Unterdrückung. Alfred Bengsch, der frühere Kardinal von Berlin, sagte mir einmal, daß er in dem westlichen Konsumdenken und in einer von dieser Haltung angesteckten Theologie eine womöglich größere Gefahr sehe als in der marxistischen Ideologie".

Ratzinger scheut sich auch nicht, „in der Art, in der man im Westen den Pornographie- und Rauschgiftmarkt ausbeutet, ein Zeichen des Satanischen" zu sehen. „Ja – sagt er –, es liegt etwas Diabolisches in der perversen Kaltblütigkeit, mit der man im Namen des Geldes den Menschen korrumpiert und aus seiner Schwachheit, seiner Versuchbarkeit und Besiegbarkeit Profit schlägt. Die Kultur des Westens ist infernal, wenn sie die Menschen überredet, das einzige Ziel des Lebens im Genuß und im Eigennutz zu sehen."

Wenn man ihn aber fragt, welcher unter den vielen Atheismen unserer Zeit – auf der Ebene des Theoretischen – ihm als der verfänglichste erscheint, kommt er doch wieder auf den Marxismus zurück: „Mir scheint, daß der Marxismus in seiner Philosophie und in seinen moralischen Zielsetzungen eine tiefgreifendere Versuchung darstellt als manche praktische und folglich intellektuell anspruchslose Atheismen. In der marxistischen Ideologie bedient man sich auch der jüdisch-christlichen Tradition, die jedoch in einen gottlosen Prophetismus gekehrt ist; man benutzt die religiösen Energien des Menschen als Werkzeug für politische Ziele und lenkt sie auf eine bloß irdische Hoffnung, was einer Verkehrung der christlichen Spannung auf das ewige Leben hin gleichkommt. Diese Pervertierung der biblischen Tradition täuscht viele Gläubige, die guten Glaubens davon überzeugt sind, daß die Sache Christi dasselbe sei wie jene Verheißung der Verkündiger der politischen Revolution."

Ist ein Dialog möglich?

Und hier hat er mich – mit einer eher bedrückten als „inquisitorischen" Miene – wiederum an jenes „Drama des Lehramtes" erinnert, das die nachfolgenden Ereignisse bestätigen sollten: „Man empfindet immer wieder schmerzlich die Schwierigkeit, mit Theologen ins Gespräch zu kommen, die jenem illusorischen Mythos anhängen, der die Reformen blockiert und das Elend und die Ungerechtigkeiten verschärft, der Mythos vom Klassenkampf als Instrument zur Schaffung einer klassenlosen Gesellschaft." Er fährt fort: „Wenn man anhand von Bibel und Tradition in brüderlicher Weise versucht, die Abweichungen aufzuzeigen, erhält man schnell das Etikett von ‚Dienern', ‚Lakaien' der herrschenden Klassen, die sich dadurch die Macht sichern wollen, daß sie sich auch auf die Kirche stützen. Die jüngsten Erfahrungen zeigen allerdings, daß bedeutende Vertreter der Befreiungstheologie sich durch ihren Willen zur kirchlichen Gemeinschaft und zum wirklichen Dienst am Menschen in erfreulicher Weise unterscheiden von der Intransigenz eines Teils der Massenmedien und zahlreicher Gruppen von überwiegend europäischen Parteigängern. Von dieser Seite wird jede unserer Stellungnahmen, mag sie noch so überdacht und respektvoll erfolgen, *a priori* zurückgewiesen, weil man sich auf die Seite der ‚Herren' stellen würde. Dabei wird die Sache der Untersten gerade von jenen Ideologien verraten, die sich für das Volk stets als Quelle von Leiden erwiesen haben."

Er hat mir dann von der Betroffenheit erzählt, die die Lektüre vieler jener Theologen in ihm hervorgerufen hat:

„Ein ständig wiederholter Kehrvers lautet: ‚Man muß den Menschen von den Ketten der politisch-ökonomischen Unterdrückung befreien; um ihn zu befreien, genügen die Reformen nicht, sie lenken vielmehr ab; das, was erforderlich ist, ist die Revolution; aber der einzige Weg, eine Revolution zu machen, ist der Aufruf zum Klassenkampf.' Und doch scheinen jene, die all dies wiederholen, sich keinerlei konkrete, praktische Gedanken darüber zu machen, wie eine Gesellschaft nach der Revolution zu organisieren sei. Man beschränkt sich darauf zu wiederholen, daß man sie machen muß."

Er sagt noch einmal: „Was hier theologisch inakzeptabel und gesellschaftlich gefährlich ist, ist dieses Gemisch aus Bibel, Christologie, Politik, Soziologie und Ökonomie. Man kann nicht die Heilige Schrift und die Theologie dazu mißbrauchen, eine Theorie über die gesellschaftlich-politische Ordnung zu verabsolutieren und zu sakralisieren. Diese Ordnung ist von ihrer Natur her immer kontingent. Wenn man dagegen die Revolution sakralisiert – indem man Gott, Christus und Ideologien miteinander vermischt –, erzeugt man einen schwärmerischen Fanatismus, der zu noch schlimmeren Ungerechtigkeiten und Unterdrückungen führen kann, wobei man in der Praxis das umstößt, was man sich in der Theorie vorgenommen hat."

Er fährt fort: „Schmerzlich betrifft einen sodann auch diese – bei Priestern und Theologen vorhandene – so unchristliche Illusion, daß man einen neuen Menschen und eine neue Welt schaffen könne, nicht indem man jeden einzelnen zur Bekehrung ruft, sondern indem man nur auf die sozialen und ökonomischen Strukturen einwirkt. Es ist gerade die persönliche Sünde, die in Wirklichkeit den ungerechten sozialen Strukturen zugrunde liegt. An der Wurzel und nicht am Stamm oder an den Ästen des Baumes der Ungerechtigkeit müßte man ansetzen, wenn man wirklich eine menschlichere Gesellschaft will. Es handelt sich hier um grundlegende christliche Wahrheiten, und doch werden sie mit Geringschätzung als ‚entfremdend' und ‚spiritualistisch' zurückgewiesen."

Die Verkündigung des Evangeliums

Die südamerikanische Theologie der Befreiung findet also auch in Teilen Asiens und Afrikas Verbreitung. Aber hier, Ratzinger hat bereits darauf hingewiesen, wird „Befreiung" vor allem als Abkehr vom europäischen kolonialen Erbe verstanden. „Man ist auf der leidenschaftlichen Suche – sagt er – nach einer richtigen Inkulturation des Christentums. Wir stehen somit vor einem neuen Aspekt des alten Problems des Verhältnisses zwischen Glaube und Geschichte, zwischen Glaube und Kultur."

Um die Fragestellung zu umreißen, bemerkte er: „Es ist zu Genüge bekannt, daß sich der katholische Glaube, wie wir ihn heute kennen, vor allem aus einer jüdischen Wurzel und dann im griechisch-lateinischen Kulturbereich entwickelt hat, zu dem sich vom achten Jahrhundert an in nicht unbedeutender Weise auch das irische und germanische Element gesellt hat. Afrika (dessen eigentliche Evangelisierung erst in den letzten zwei Jahrhunderten begonnen hat) hat so ein Christentum empfangen, das sich in einem Zeitraum von 1800 Jahren in ihm fremden Kulturbereichen entwickelt hatte. Dieses Christentum ist ihm bis in seine kleinen Ausdrucksformen hinein übergeben worden. Darüber hinaus hat der Glaube Afrika im Kontext einer kolonialen Vergangenheit erreicht, die heute vor allem als eine Geschichte der Entfremdung, der Unterdrückung gelesen wird."

Stimmt das etwa nicht?

„Nicht direkt, was die missionarische Aktivität der Kirche betrifft – erwidert er –, in bezug auf das Verhältnis zwischen missionarischer Aktivität und Kolonialismus sind bis in die heutige Zeit hinein (vor allem in Europa und in Amerika, weniger in Afrika selbst) historisch falsche Urteile im Umlauf. Die Auswüchse des Kolonialismus sind gerade durch das unerschrockene Handeln so vieler Glaubensapostel gemildert worden. Diese haben es oft verstanden, Oasen der Menschlichkeit in Gebieten zu schaffen, die vom alten Elend und von neuen Unterdrückungen verwüstet waren. Man kann nicht einfach das leuchtende Opfer unzähliger Missionare, die wahre Väter für die ihnen anvertrauten Menschen geworden sind, vergessen oder gar verdammen. Mir selbst begegnen immer wieder Afrikaner, junge und alte, die mir mit Ergriffenheit von jenen ‚Vätern' ihres Volkes erzählen, die gewiß ungemein menschliche und zugleich heldenhafte Missionsgestalten waren. Ihr Andenken ist unter denen, die sie evangelisiert und denen sie in jeder Weise – oft mit dem Preis ihres Lebens – zu helfen versucht hatten, noch nicht erloschen. Es ist auch jenen Aufopferungen – die zu einem großen Teil Gott allein kennt – zu verdanken, wenn noch eine gewisse Freundschaft zwischen Afrika und Europa möglich ist."

Es bleibt jedoch bestehen, daß es der westliche Katholizismus war, der in jene Gebiete exportiert wurde.

„Heute sind wir uns des Problems sehr wohl bewußt – sagt er. Aber was sollten die Missionare damals anderes tun, als mit einem Katechismus, dem einzigen, den sie kannten, anzufangen? Man darf dann auch nicht vergessen, daß wir alle den Glauben ‚von außen' empfangen haben: Er kommt auf uns aus seiner semitischen Heimat, aus Palästina, in der Vermittlung durch den Hellenismus. Gerade das haben die Nazis genau gewußt, die versucht haben, das Christentum in Europa auszumerzen, eben wegen seines ‚fremdländischen' Charakters."

Ein Evangelium für Afrika

Jedoch sind auch für ihn „heute die Fragen vieler in der Dritten Welt, vor allem in Afrika, weiterhin drängend: Wie kann das Christentum zu unserem eigenen Ausdruck werden? Wie kann es voll und ganz in unsere Identität eingehen? In welchem Maß ist sein vorheriger kultureller Ausdruck verbindlich? In welchem Maße kann man seine Geschichte sozusagen von neuem beginnen? Ist nicht vielleicht *unser* Altes Testament mehr noch als die Geschichte des jüdischen Volkes auch die leidvolle Geschichte unseres Volkes und seiner traditionellen Formen?"

Wie beurteilt also der Kardinal die Antworten, die die Afrikaner nach und nach auf diese Frage geben?

Er sagt: „Die Probleme stehen klar da, aber man muß sagen, daß die herbeigesehnte *théologie africaine* oder *african theology* im Augenblick noch mehr Programm als Wirklichkeit ist. Bei genauerem Hinsehen muß man auch sagen, daß sehr viel von dem, was als ‚afrikanisch' angesehen wird, in Wirklichkeit ein europäischer Import ist und mit den eigentlichen afrikanischen Traditionen viel weniger zu tun hat als die klassische christliche Tradition. Diese befindet sich *de facto* viel näher an den grundlegenden Begriffen der Menschheit und am Grunderbe der menschlichen religiösen Kultur im allgemeinen als die späten Konstruktionen des europäischen Denkens, die oft von den geistigen Wurzeln der Menschheit losgelöst sind."

Wenn ich recht verstanden habe, ist das eine Verteidigung der „universalen" Bedeutung des christlichen Denkens, wie es sich im Abendland herausgebildet hat.

„Man muß anerkennen – präzisiert er –, daß kein Weg mehr zu einer kulturellen Situation zurückführen kann, die vor den Ergebnissen des europäischen Denkens liegt, das sich seit einiger Zeit über die ganze Welt verbreitet hat. Auf der anderen Seite muß man auch anerkennen, daß die ‚reine' afrikanische Tradition als solche nicht existiert: Sie ist sehr vielschichtig, und deshalb – je nach Schicht und Herkunft – bisweilen auch widersprüchlich.

Nun – so fährt er fort –, die Frage, was ursprünglich afrikanisch ist (und was folglich gegen den falschen Universalanspruch des lediglich Europäischen zu verteidigen ist), und umgekehrt die Frage nach dem, was, obwohl es aus Europa kommt, wirklich universal ist, diese Frage ist nicht nur menschlichem Erwägen anheimgestellt, sondern – wie immer – auch dem Kriterium des Glaubens, der alle Traditionen beurteilt, jedes Erbe, sowohl unseres als auch das der anderen. Darüber hinaus muß man sich vor übereilten Entscheidungen und Entschlüssen hüten: Das Problem ist nicht nur theoretischer Art; zu seiner Lösung bedarf es auch des Lebens, des Leidens und der Liebe der ganzen glaubenden Gemeinschaft, im Sinne des heute vergessenen großen katholischen Prinzips: Das Subjekt der Theologie sind nicht die einzelnen Theologen, sondern die gesamte Kirche als Ganze."

Es ist bekannt, daß die Kongregation wegen der Bildung einer ökumenischen Assoziation afrikanischer Theologen, die einheimische Gelehrte aller Konfessionen in sich vereint, etwas beunruhigt ist.

„Die Assoziation der Theologen, auf die Sie sich beziehen – sagt er –, wirft in der Tat manche Frage auf: Es besteht hier die (heute übrigens auch in anderen Initiativen in verschiedenen Teilen der Welt erkennbare) Gefahr, daß auf der Suche nach einer ‚ökumenischen' Gemeinschaft der Wert der großen katholischen Einheit außer acht gelassen wird zugunsten begrenzter kultureller nationaler Gemeinschaften. Bei einer derartigen Assoziation ist nicht auszuschließen, daß die Gemeinsamkeit dessen, was als ‚afrikanisch' gilt, die Gemeinsamkeit dessen, was katholisch ist, in den Schatten stellt. Dies alles, obwohl Afrika – ich wiederhole es – ein Kontinent von einer derartigen Vielschichtigkeit ist, daß er nicht in ein allgemeines Schema gepreßt werden kann."

Von verschiedenen Seiten – und seit einiger Zeit auch von seiten einiger katholischer Bischöfe – befürwortet man die Idee, ein großes afrikanisches Konzil einzuberufen.

„Ja, aber diese Idee hat noch keine genauen Umrisse. Sie ist zuerst von der Assoziation der Theologen, von der wir sprachen, vorangetrieben worden und hat in der Zwischenzeit (wenn auch mit entsprechenden Abänderungen und näheren Präzisierungen) auch bei einigen Bischöfen immer mehr Zustimmung gefunden. Lateinamerika hat mit den Versammlungen von Medellin und Puebla konkret gezeigt, daß die Arbeit der Bischöfe eines Kontinents einen wesentlichen Beitrag zur Klärung grundlegender Probleme und zur richtigen Erfüllung der pastoralen Aufgabe geben kann. Daher scheint es gewiß möglich – ausgehend von den schon gemachten Erfahrungen in anderen Gebieten –, für die Idee des afrikanischen Konzils (oder genauer: der afrikanischen *Synode*) eine juridische und theologische Form zu erarbeiten, die ihm die volle Bedeutung geben könnte."

Welche Inhalte stehen in bezug auf das weite und so lebendige Gebiet Afrikas vor allem im Zentrum der Aufmerksamkeit?

„Es handelt sich hauptsächlich um das Gebiet der Moraltheologie, der Liturgie und der Sakramententheologie. So werden die Weisen des Übergangs von der herkömmlichen Polygamie zur christlichen Monogamie diskutiert, ferner Fragen der Eheschließungsform und die Aufnahme afrikanischer Traditionen in Liturgie und Volksfrömmigkeit."

Beginnen wir mit der Polygamie. Worum geht es hier?

„Daß bei der Bekehrung Polygamer zum Christentum schwierige rechtliche und menschliche Probleme entstehen, liegt auf der Hand. Wichtig ist dabei, Polygamie nicht mit sexueller Freizügigkeit im Sinn der westlichen Welt zu verwechseln. Sie ist eine rechtlich und sozial geordnete Gestalt, in der das Verhältnis von Mann, Frau und Kindern geregelt wird. Aber vom christlichen Glauben her ist es doch eine ungenügende Gestalt von Moral, die dem Wesen der Mann-Frau-Beziehung nicht gerecht wird. Neuerdings haben nun vor allem europäische Theologen die These entwickelt, auch Polygamie könne eine christliche Gestalt von Ehe und Familie sein. Aber die afrikanischen Bischöfe und die Mehrzahl der Theologen sehen ganz klar, daß dies nicht eine positive ‚Afrikanisierung' des Christentums wäre, sondern die Fixierung in einer vom Evangelium überwundenen Stufe sozialer Entwicklung."

Und die anderen Problemfelder?

„Wenn es sich bei der Frage der Polygamie um eine Diskussion mit – wenn auch aggressiven – Randgruppen handelt, so ist dagegen das Problem der Verbindung zwischen der sakramentalen Form der christlichen Ehe und der Eheschließung nach den Stammesbräuchen viel ernster. Darüber ist auch auf der Bischofssynode von 1980 bereits breit diskutiert worden, und die Suche nach angemessenen Lösungen muß weitergehen. Sodann gewinnt die Debatte immer mehr an Bedeutung, ob der Ahnenkult in irgendeiner Form in die christliche Glaubensstruktur eingehen solle. Die Heiligenverehrung und das Gebet für die Armen Seelen schaffen hier Brücken, die ein fruchtbares Gespräch ermöglichen. Ferner diskutiert man, in welchem Maße und auf welche Weise Elemente der lokalen Tradition außer in die Ehe auch in die anderen Sakramente eingehen können."

Erlösung für alle Menschen

Wir haben von den Missionaren der Vergangenheit und von dem – wenn auch mit allen seinen Problemen – bereits bestehenden Katholizismus gesprochen. In diesen Jahren nach dem Konzil hat es jedoch den Anschein, als würden gerade die Beweggründe für die aktuelle Anstrengung der Kirche gegenüber den Nichtchristen die Diskussion bestimmen. Es ist gewiß kein Geheimnis, daß unter den Missionaren eine Identitätskrise und sogar ein Motivationsverlust besonders spürbar um sich gegriffen hat ...

Seine Antwort ist von einer gewissen Sorge gekennzeichnet: „Es gehört zur alten, traditionellen Lehre der Kirche, daß jeder Mensch zum Heil gerufen ist und *de facto* gerettet werden kann, wenn er mit Aufrichtigkeit den Geboten des eigenen Gewissens gehorcht, auch wenn er nicht sichtbares Glied der katholischen Kirche ist. Diese Lehre, die (ich wiederhole es) bereits unbestritten akzeptiert war, ist jedoch seit den Jahren des Konzils übermäßig herausgestellt worden, indem man sich auf Theorien wie jener des ‚anonymen Christen' stützte. So hat man schließlich die Auffassung vertreten, daß immer Gnade gegeben ist, wenn einer – an keinerlei Religion glaubend oder Anhänger irgendeiner beliebigen Religion – sich darauf beschränkt, sich selbst als Mensch anzunehmen. Nach diesen Theorien wäre das ‚Mehr' des Christen nur das *Bewußtsein* von jener Gnade, die ohnehin in allen wäre, ob getauft oder nicht. Mit der Abschwächung der Wesentlichkeit der Taufe ging dann Hand in Hand die Überbetonung der Werte der nichtchristlichen Religionen, die mancher Theologe nicht als *außerordentliche* Wege des Heils, sondern geradezu als *ordentliche* Wege darstellt."

Zu welcher Konsequenz hat das geführt?

„Derartige Hypothesen haben natürlich bei vielen die missionarische Spannung gelockert. Mancher hat sich zu fragen begonnen: ‚Warum die Nichtchristen stören, indem man sie zur Taufe und zum Glauben an Christus bewegt, wenn ihre Religion *ihr* Heilsweg in ihrer Kultur, in ihrem Teil der Welt ist?' Auf diese Weise hat man unter anderem die Verbindung aufgegeben, die das Neue Testament zwischen dem *Heil* und der *Wahrheit* herstellt, deren Erkenntnis (Jesus bekräftigt es ausdrücklich) befreit und folglich rettet. Oder wie der heilige Paulus sagt: Gott, unser Retter, will, daß alle Menschen gerettet werden und zur Erkenntnis der Wahrheit gelangen. Diese Wahrheit, fährt der Apostel fort, besteht in dem Wissen: ‚Einer ist Gott, Einer auch Mittler zwischen Gott und Menschen: der Mensch Jesus Christus, der sich als Lösegeld hingegeben hat für alle' (1 Tim 2,4-7). Das ist es, was wir mit Demut, aber auch mit Kraft in der heutigen Welt verkündigen müssen, entsprechend dem herausfordernden Beispiel der Generationen, die uns im Glauben vorangegangen sind."

Werte

Joseph Ratzinger (Benedikt XVI.)
Werte in Zeiten des Umbruchs
Die Herausforderungen der Zukunft bestehen
Band 5592
Auch gebunden erhältlich:
160 Seiten, gebunden mit Schutzumschlag
ISBN 978-3-451-28870-8

Joseph Ratzinger (Benedikt XVI.)
Wer hilft uns leben?
Von Gott und Mensch
Hg. von Holger Zaborowski
Band 5680

Joseph Ratzinger (Benedikt XVI.)
Credo für heute
Was Christen glauben
Hg. von Alwin Letzkus
Band 5683

Heinz-Joachim Fischer
Benedikt XVI.
Ein Portrait
192 Seiten, gebunden mit Schutzumschlag
ISBN 978-3-451-27681-1

Alexander Kissler
Der deutsche Papst
Benedikt XVI. und seine schwierige Heimat
192 Seiten, gebunden mit Schutzumschlag
ISBN 978-3-451-28867-8